아이가 주인공인 책

아이는 스스로 생각하고 성장합니다.
아이를 존중하고 가능성을 믿을 때
새로운 문제들을 스스로 해결해 나갈 수 있습니다.

길벗스쿨의 학습서는 아이가 주인공인 책입니다.
탄탄한 실력을 만드는 체계적인 학습법으로
아이의 공부 자신감을 높여줍니다.

가능성과 꿈을 응원해 주세요.
아이가 주인공인 분위기를 만들어 주고,
작은 노력과 땀방울에 큰 박수를 보내 주세요.
길벗스쿨이 자녀 교육에 힘이 되겠습니다.

영어 일기 학습 계획표

공부한 날의 날짜를 기록해보세요.

	Date	Check		Date	Check
Unit 01	/	☑	Unit 24		
Unit 02			Unit 25		
Unit 03			Unit 26		
Unit 04			Unit 27		
Unit 05			Unit 28		
Unit 06			Unit 29		
Unit 07			Unit 30		
Unit 08			Unit 31		
Unit 09			Unit 32		
Unit 10			Unit 33		
Unit 11			Unit 34		
Unit 12			Unit 35		
Unit 13			Unit 36		
Unit 14			Unit 37		
Unit 15			Unit 38		
Unit 16			Unit 39		
Unit 17			Unit 40		
Unit 18			Unit 41		
Unit 19			Unit 42		
Unit 20			Unit 43		
Unit 21			Unit 44		
Unit 22			Unit 45		
Unit 23					

기적의 영어일기

주제일기

길벗스쿨

저자 Anne Kim (luna1001@daum.net)

한양대학교에서 교육학을 전공하고 숙명여자대학교 TESOL 대학원을 졸업했습니다. 어학전문 출판사에서 십여 년 이상 영어교재를 기획·개발했고, 이후 교육현장에서 초중고 학생들을 대상으로 밀착 강의를 해오고 계십니다.

학생들의 영어학습 환경을 가까이 지켜보면서 연령과 시기에 따른 콘텐츠 선별과 적절한 학습법의 중요성을 다시금 확인하고, 초등학생들을 위한 맞춤형 콘텐츠 개발을 위해 집필 활동에 주력하고 계십니다.

지은 책으로 《초등 필수 영어표현 무작정 따라하기》, 《초등 영어 구동사 160》, 《가장 쉬운 초등 영작문 하루 4문장 쓰기》 등이 있습니다.

기적의 영어일기 : 주제일기
Miracle Series - English Diary & Writing (Topical Writing)

초판 발행 2019년 7월 22일
개정판 발행 2024년 3월 31일

지은이 · 김지은 (Anne Kim)
발행인 · 이종원
발행처 · 길벗스쿨
출판사 등록일 · 2006년 7월 1일 | **주소** · 서울시 마포구 월드컵로 10길 56(서교동)
대표 전화 · 02)332-0931 | **팩스** · 02)323-0586
홈페이지 · www.gilbutschool.co.kr | **이메일** · gilbut@gilbut.co.kr

기획 및 책임 편집 · 김남희(sophia@gilbut.co.kr) | **영업마케팅** · 김진성, 문세연, 박선경, 박다슬
웹마케팅 · 박달님, 이재윤, 이지수, 나혜연 | **제작** · 이진혁 | **영업관리** · 정경화 | **독자지원** · 윤정아

편집진행 및 교정 · 박미나 | **표지디자인** · 윤미주 | **본문디자인** · 신세진 | **전산편집** · 연디자인
영문 감수 · Michael A. Putlack | **삽화** · 정윤슬, 류은형 | **녹음** · YR미디어 | **인쇄** · 상지사 | **제본** · 상지사

ISBN 979-11-6406-714-5 64740 (길벗스쿨 도서번호 30588)
정가 16,000원

독자의 1초를 아껴주는 정성 길벗출판사

길벗 | IT실용서, IT/일반 수험서, IT전문서, 경제실용서, 취미실용서, 건강실용서, 자녀교육서
더퀘스트 | 인문교양서, 비즈니스서
길벗이지톡 | 어학단행본, 어학수험서
길벗스쿨 | 국어학습서, 수학학습서, 유아학습서, 어학학습서, 어린이교양서, 교과서

길벗스쿨 공식 카페 〈기적의 공부방〉 · cafe.naver.com/gilbutschool
인스타그램 / 카카오플러스친구 · @gilbutschool

제품명 : 기적의 영어일기 : 주제일기
제조사명 : 길벗스쿨
제조국명 : 대한민국
전화번호 : 02-332-0931
주   소 : 서울시 마포구 월드컵로 10길 56 (서교동)
제조년월 : 판권에 별도 표기
사용연령 : 8세 이상
KC마크는 이 제품이 공통안전기준에 적합하였음을 의미합니다.

생각을 글로 표현하는 힘을 길러주는 하루 10분, 영어 글쓰기 습관!

영어로 나의 생각을 표현하는 능력이 점점 더 중요해지고 있습니다. 하지만 우리 교육 현실을 생각해 봅시다. 각종 영어 시험들이 주로 읽기와 듣기 위주로 이뤄지다 보니 학생들의 구두 의사소통 실력에 비해 글쓰기 능력은 상대적으로 떨어져 있는 것도 사실이지요. 영어 글쓰기를 꾸준히 하면 영어로 사고하고 이를 정확히 표현할 수 있는 능력을 기를 수 있습니다. 특히 영어 글쓰기를 할 때 글의 구성에 초점을 두고 공부하면 논리적인 글을 완성시키는 능력을 기를 수 있습니다.

맨 처음 글을 쓰기 전에는 머릿속에 담겨 있는 생각을 정리하는 훈련이 필요합니다. 각각의 주제를 어떻게 시작하고 어떻게 끝내는지에 대한 생각의 지침이 있다면 조금 더 쉬워지겠지요? 여러가지 글쓰기 도구의 도움을 받는다면 더욱 수월하게 생각을 정리하고 정돈된 글을 쓸 수 있답니다. 마인드맵 그려보기, 개요 짜기, 도표 만들기, 육하원칙 활용하기 등을 연습하면 어떤 주제를 맞닥뜨려도 한 편의 논리적인 글을 쓸 수 있는 힘이 생길 거예요.

이 책에서는 특히 글의 구성을 시각화한 자료를 많이 담았습니다. 주제와 관련된 내용들을 단어나 어구로 나열, 확장하면서 표나 이미지로 정리한 글의 지도라고 할 수 있는데요. 이렇게 마인드맵을 활용하여 글을 구성하는 연습을 하면 표현력을 키울 수 있을 뿐 아니라 사고 확장 연습에도 좋아, 보다 창의적이고 논리적인 글을 쓸 수 있습니다. 그리고 나서 그 어구들을 활용하면 한 편의 글을 완성하는 것이 훨씬 쉬워집니다.

초등학생들에게 친근하면서도 중학교에 가서도 다루게 될 흥미로운 주제일기 45편으로 구성하였습니다. 학습일기, 생각일기, 관찰일기, 감상일기, 편지일기 등 여덟 가지 다양한 형식으로 더욱 실용적인 글쓰기를 배울 수 있어요. 각 주제에 대한 생각이 어떻게 정리되고 한 편의 글로 완성되는지 살펴보고, 주제와 관련된 어휘, 표현을 함께 익히면서 내 일기에 적용하는 연습을 해보세요.

하루 10분이라도 매일 꾸준히 시간을 들여서 쓰다 보면 나중에는 어떤 주제가 나오든 바로바로 써나갈 수 있는 자신감이 생길 거예요!

저자 김지은

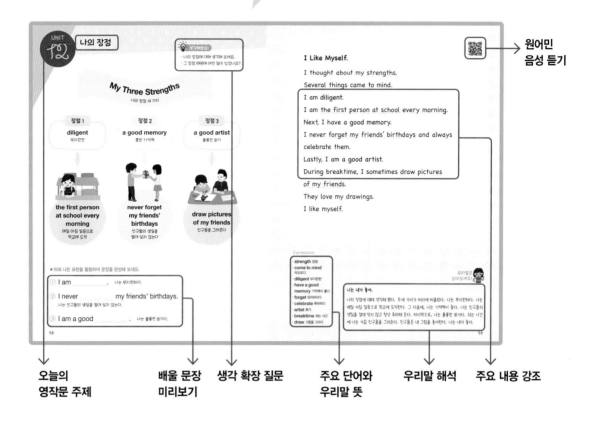

오늘의
영작문 주제

배울 문장
미리보기

생각 확장 질문

주요 단어와
우리말 뜻

우리말 해석

주요 내용 강조

원어민
음성 듣기

1단계 쓸 내용 펼쳐보기

● 먼저 오늘 공부할 일기의 주제를 확인하고 오른쪽의 '생각해봐요!'에 있는 질문의 답을 떠올려 보세요.

● 그리고 나서 아래에 있는 마인드맵을 통해 오늘 배울 일기의 내용을 파악해 보세요. 제시된 마인드맵처럼 주제에 대한 생각을 하나씩 확장하여 펼쳐본 다음, 영어로 옮기면 영작이 쉬워집니다.

● 하단 코너에서, 마인드맵을 통해 끌어낸 생각을 완전한 문장으로 표현하는 연습을 합니다.

2단계 오늘의 일기 읽기

● 앞에서 마인드맵으로 정리한 생각들을 영어 문장으로 옮긴 오늘의 일기를 읽어 보세요. 상단의 QR코드를 찍어서 원어민의 음성을 들으며 눈으로 지문을 쫓아 읽습니다.

● 형광펜으로 강조 표시된 문장들은 조금 더 유의해서 보세요. 이 글의 구조와 중심 생각을 파악하는 데 도움이 될 거예요.

● 낯선 어휘는 하단의 표현을 참고하고, 우리말 해석을 통해 읽은 내용을 확인해 보세요.

괄호 안에 있는 단어를 사용해서 오늘 배운 문장을 다시 써 보세요.
잘 기억이 나지 않으면 앞으로 따라 써 보세요.

① 나의 장점에 대해 생각해 봤다. (my strengths)

② 나는 학교에 일등으로 도착한다. (the first person)

③ 그 다음에, 나는 기억력이 좋다. (a good memory)

④ 나는 친구들의 생일을 절대 잊지 않는다. (never forget)

⑤ 나는 가끔 친구들을 그려준다. (draw pictures of)

⑥ 나는 내가 좋다. (myself)

60

GRAMMAR TIP

'얼마나 자주'를 나타내는 빈도부사

오늘 일기에 등장하는 always(항상), sometimes(가끔), never (절대~않다)처럼, 어떤 일이 얼마나
자주 일어나는지를 나타내는 말을 빈도부사라고 해요. 이 밖에도 often(자주), usually(주로) 등이 있
지요. 빈도부사는 일반동사의 앞에, be동사나 조동사 뒤에 위치한답니다.

I always get up at 7:00 o'clock. 나는 항상 7시에 일어난다.
My sister is often late. 우리 누나는 자주 늦다.

빈칸에 알맞은 말을 써서 문장을 완성하세요.

① My brother _____ plays soccer after school.
우리 오빠는 방과 후에 항상 축구를 한다.

② She _____ eats chocolate. 그녀는 절대 초콜릿을 먹지 않는다.

MORE EXPRESSIONS
나의 장점을 나타내는 표현을 더 배워봐요.

☐ I am talented at sports. 난 스포츠에 재능이 있다.
☐ I am good at music. 난 음악을 잘한다.
☐ I get along with my classmates. 난 반 친구들과 잘 지낸다.
☐ I have good handwriting. 난 글씨를 잘 쓴다.
☐ I am curious. 난 호기심이 많다.
☐ I am humorous. 난 유머러스하다.

61

3단계 오늘 일기 다시 써 보기

● 괄호 안에 있는 힌트 단어를 사용하여 오늘 일기
에서 공부했던 문장을 다시 한 번 써 봅니다. 얼
마나 자신 있게 쓸 수 있는지 스스로 테스트 해
보고, 잘 기억이 나지 않으면 다시 앞으로 돌아
가 문장을 확인해 보세요.

● 문장을 완성한 후 QR코드를 찍어서 원어민의 음
성으로 제대로 영작을 하였는지 확인해 봅니다.

4단계 문법 포인트 짚고 가기

● 오늘 일기글 중에서 알아 두면 도움이 되는 문
법, 작문 포인트를 핵심만 뽑아 정리했어요. 설명
과 예문을 잘 읽어보고 아래에 있는 간단한 문제
를 풀면서 잘 이해했는지 확인해 보세요.

5단계 더 많은 표현 알아보기

● 오늘 일기의 주제와 관련하여 일기장에 골라 쓸
수 있는 유용한 표현들을 추가로 만나보세요. 새
로운 표현들을 익히고, 또 다른 재미있는 표현들
이 있는지 찾아보세요.

QR코드로 듣기
스마트폰으로 QR코드를 찍으면
원어민 음성을 들을 수 있는 페이지로
이동합니다.
정답 작성 후 확인용으로 활용하세요.

길벗스쿨 e클래스
(eclass.gilbut.co.kr)
• MP3 파일
• 단어 워크시트
• 받아쓰기 워크시트

차례

소개일기

생각일기

학습일기

Let's take a break!

편지일기

감상일기

상상일기

Let's take a break!

미리
알아두기

영어 글쓰기가 쉬워지는 도구들

어떤 주제에 대한 글을 쓰고 싶을 때, 머릿속에 생각은 복잡한데 정리가 잘 되지 않거나 또는 새로운 아이디어를 떠올리는 것이 쉽지 않을 수 있습니다. 이럴 때 여러 가지 글쓰기 도구의 도움을 받으면 더욱 수월하게 생각을 정리하고 정돈된 글을 쓸 수 있습니다.

마인드 맵
Mind Map

생각을 정리하는 대표적인 방법입니다. 마인드맵을 이용하여 생각을 정리하는 것은 짜임새 있는 글을 쓰기 위한 기초 작업이 됩니다.

(1) 가운데 중심 주제어를 쓰는 것으로 시작합니다.

(2) 떠오르는 생각들을 주변에 가지를 그리면서 적어 내려갑니다. 단어, 구, 문장 등 형식에 얽매이지 않습니다.

개요 짜기

의견이나 주장이 담긴 글을 쓸 때 효과적입니다.

주제 : **We have to study English.** 우리는 영어를 공부해야 한다.

근거 1 : **I can communicate with people globally.**
전 세계의 사람들과 소통할 수 있다.

근거 2 : **English is important subject in schools.**
영어는 학교에서 중요한 과목이다.

근거 3 : **I can write fan letters in English.** 나는 영어로 팬레터를 쓸 수 있다.

결론 : **I will study English harder.** 나는 더 열심히 영어 공부를 할 것이다.

who(누가), what(무엇), when(언제), where(어디서), why(왜), how(어떻게)에 대한 질문에 답을 쓰면서 생각을 정리합니다.

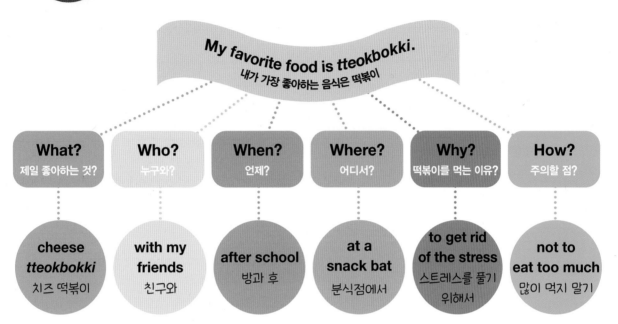

장단점을 쓰거나 여러 가지 대상을 비교, 대조하는 글, 주제가 다양한 경우에 표를 이용해 내용을 정리할 수 있습니다.

모양 및 색깔	• **no real leaves, stems, or roots** 잎, 줄기, 뿌리가 없음 • **look round** 둥글게 생겼다 • **green** 녹색의
촉감	• **smooth** 부드러운 • **spongy** 스펀지 같은
키우는 법	• **need no food** 먹이가 필요 없다 • **keep the water tank clean** 수조를 깨끗하게 유지한다

문장과 문장을 자연스럽게 연결해 주는 접속어

주제일기를 쓸 때 단어와 단어, 구와 구, 문장과 문장을 자연스럽게 연결해 주는 접속어를 적절하게 활용하면 단순한 영작의 수준을 벗어나 하나의 주제를 향해 일관적인 흐름을 이어가는 매끄럽고 논리적인 글을 쓸 수 있습니다.

덧붙일 때	**and** 그리고	I want to have snowball fights and love to make snowmen. 나는 눈싸움을 하고 싶고, 눈사람 만드는 것도 좋아해요.
	plus 게다가	Plus, their dancing is so cool and powerful! 게다가 그들의 춤은 멋있고 힘이 넘친다.
이유를 나타낼 때	**because** 왜냐하면	Mom is like a red crayon because she is strong. 엄마는 빨간색이다 왜냐하면 그녀는 강하기 때문이다.
반대를 나타낼 때	**but** 그러나	We are all different, but we love one another. 우리는 모든 다르다, 하지만 서로를 사랑한다.
	however 하지만	However, be careful not to eat too much! 하지만, 너무 많이 먹지 않도록 조심해.
예를 들 때	**such as** ~와 같은	She made lots of food, such as pancakes and dumplings. 그녀는 부침개나 만두같은 많은 음식을 만들었다.
순서를 나타낼 때	**first** 첫번째 **first of all** 첫번째로 **to begin with** 우선	First, I would teleport to Africa. 우선, 아프리카로 순간 이동을 시켜달라고 하겠다.
	next 다음에 **second** 두 번째로 **then** 그리고 나서	Next, I would wish for one hundred dollars. 두 번째, 100달러를 달라고 하겠다.
	third 세 번째로 **last [lastly]** 마지막으로 **finally** 마지막으로	Third, I would like to have a spaceship. 세 번째, 나는 우주선을 갖고 싶다.

이후에 일어나는 일	**after** ~한 후에	After his beloved wife died, the king, Shah Jahan, built it for his queen. 사랑하는 부인이 죽은 이후 샤 자한 왕은 여왕을 위해 그것을 지었다.

때를 나타낼 때	**when** ~할 때	When I am stressed, *tteobokki* is the first thing. 스트레스를 받을 때 떡볶이가 제일이다.
	whenever ~할 때마다	I'm so pleased whenever I watch them. 나는 그들을 볼 때마다 기쁘다.

조건을 나타낼 때	**if** 만일 ~라면	If you do that, you could gain weight. 만일 그렇게 한다면 너는 살이 찔 것이다.

강조할 때	**above all** 무엇보다도	Above all, Christmas is in winter. 무엇보다도 겨울에 크리스마스가 있다.
	first of all 우선	First of all, I will clean my room and make my bed every day. 우선 나는 방을 깨끗이 치울 거고 매일 침대를 정리하겠다.
	most of all 무엇보다도	Most of all, you always smile even when things are hard. 무엇보다도 일이 힘들 때도 너는 항상 미소를 짓는다.

기타

during ~하는 동안에	on the other hand 반면에
thanks to 덕분에	nevertheless 그럼에도 불구하고
if possible 가능하다면	frankly speaking 솔직히 말하면
come to think of it 생각해 보니	

UNIT 1 우리 가족 소개하기

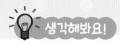 생각해봐요!

· 우리 가족 구성원들의 성격은 어떠한가요?
· 우리 가족을 한 명씩 색깔에 비유하면
무슨 색에 비유할 수 있나요?

My Family like a Crayon Box

크레용 상자 같은 우리 가족

red → strong
빨강 → 강한

green → kind
초록 → 친절한

pink → lovely
분홍 → 사랑스러운

yellow → happy
노랑 → 행복한

blue → honest
파랑 → 정직한

●위에 나온 표현을 활용하여 문장을 완성해 보세요.

① Mom is _____.   엄마는 강하다.

② Dad is like a _____ crayon.   아빠는 초록색 크레용 같다.

③ My sister is _____ all the time.   내 여동생은 항상 행복하다.

14

My Family Is like a Crayon Box.

My crayon box has many colors.

Red, green, blue, yellow...

My family is like a crayon box.

We are all different in color.

Mom is like a red crayon because she is strong.

Dad is like a green crayon because he is kind.

I am like a blue crayon because I am honest.

My sister is like a yellow crayon because she is happy all the time.

My cat is like a pink crayon because she is lovely.

We are all different, but we love one another.

Expressions

- **like** ~같은
- **crayon** 크레용
- **strong** 강한
- **kind** 친절한
- **honest** 정직한
- **happy** 행복한
- **all the time** 항상
- **lovely** 사랑스러운
- **one another** 서로

우리 가족은 크레용 상자 같아.

나의 크레용 상자에는 여러 가지 색이 있다. 빨강, 초록, 파랑, 노랑… 우리 가족은 크레용 상자 같다. 우리는 모두 다른 색이다. 엄마는 빨간색 크레용 같다. 왜냐하면 엄마는 강하기 때문이다. 아빠는 초록색 크레용 같다. 아빠는 친절하기 때문이다. 나는 정직하기 때문에 파란색 크레용 같다. 우리 여동생은 언제나 행복하기 때문에 노란색 크레용 같다. 우리 고양이는 사랑스러워서, 분홍색 크레용 같다. 우리 모두는 다르지만 서로 사랑한다.

괄호 안에 있는 단어를 사용해서 오늘 배운 문장을 다시 써 보세요.
잘 기억이 나지 않으면 앞으로 돌아가 따라 써 보세요.

① 우리 가족은 크레용 상자 같다. (like, a crayon box)

② 우리는 모두 다른 색이다. (different in color)

③ 엄마는 강하기 때문에 빨간색 크레용 같다. (a red crayon, strong)

④ 왜냐하면 나는 정직하기 때문이다. (honest)

⑤ 나의 여동생은 언제나 행복하다. (all the time)

⑥ 우리는 서로 사랑한다. (one another)

셀 수 있는 명사의 복수형

오늘 일기에서 '여러 가지 색깔'을 나타낼 때, 단수명사 color에 s를 붙여서 colors라고 썼지요? 이처럼, 셀 수 있는 명사가 여러 개를 가리킬 때 명사 끝에 -(e)s를 붙여서 복수형을 만들 수 있답니다.

crayon→crayon**s**
크레용

notebook→notebook**s**
공책

computer→computer**s**
컴퓨터

potato→potato**es**
감자

tomato→tomato**es**
토마토

bus→bus**es**
버스

빈칸에 알맞은 말을 써서 문장을 완성하세요.

① I have two _____.   나는 공책을 두 권 가지고 있다.

② She has many _____.   그녀는 감자를 많이 가지고 있다.

우리 가족의 성격을 나타내는 표현을 더 배워봐요.

□ My dad is friendly.   우리 아빠는 다정하시다.

□ My mom is outgoing.   우리 엄마는 외향적이시다.

□ I am talkative.   나는 말하기를 좋아한다.

□ My sister is shy.   우리 언니는 수줍음이 많다.

□ My brother is brave.   오빠는 용감하다.

□ My younger sister is cheerful.   내 여동생은 쾌활하다.

17

UNIT 2 존경하는 사람 소개하기

 생각해봐요!

· 가장 존경하는 사람은 누구인가요?
· 그 사람을 존경하는 이유는 무엇인가요?

I Respect My Mom.

나는 우리 엄마를 존경한다.

이유 1	이유 2	이유 3
a kind teacher	**very smart**	**many talents**
친절한 선생님	아주 똑똑한	많은 재능
↓	↓	↓
Every student loves her.	**She answers all my questions.**	**singing, dancing, cooking**
모든 학생들이 그녀를 좋아한다.	나의 모든 질문에 답해 주신다.	노래하기, 춤추기, 요리하기

● 위에 나온 표현을 활용하여 문장을 완성해 보세요.

① Every _____ loves her.   모든 학생들이 엄마를 좋아한다.

② She is very _____.   그녀는 아주 똑똑하시다.

③ She is good at _____, dancing, and cooking.
그녀는 노래와 춤, 그리고 요리를 잘하신다.

18

I Want to Be like My Mom.

I respect my mom the most in the world.

She is a very kind teacher.

I have never seen my mom mad.

Every student loves her.

She is very smart, so she answers all my questions.

My mom has many talents.

She is good at singing, dancing, and cooking.

I want to be like my mom when I grow up.

우리말로
읽어보세요!

나는 엄마처럼 되고 싶어.

나는 엄마를 세상에서 가장 존경한다. 엄마는 아주 친절한 선생님이시다. 나는 엄마가 많이 화내시는 것을 본 적이 없다. 모든 학생들이 엄마를 좋아한다. 엄마는 아주 똑똑하셔서 내 모든 질문에 답해 주신다. 우리 엄마는 재능도 많으시다. 엄마는 노래와 춤, 그리고 요리를 잘하신다. 나는 커서 엄마처럼 되고 싶다.

Expressions

- **respect** 존경하다
- **in the world** 세상에서
- **kind** 친절한
- **never** 결코 ~하지 않다
- **see** 보다
- **mad** 몹시 화가 난
- **every** 모든
- **answer** 대답하다
- **talent** 재능
- **like** ~처럼
- **grow up** 자라다

괄호 안에 있는 단어를 사용해서 오늘 배운 문장을 다시 써 보세요.
잘 기억이 나지 않으면 앞으로 돌아가 따라 써 보세요.

① 나는 엄마를 세상에서 가장 존경한다. (respect, in the world)

② 나는 엄마가 많이 화내시는 것을 본 적이 없다. (have never seen, mad)

③ 모든 학생들이 그녀를 좋아한다. (every student)

④ 그녀는 아주 똑똑하시다. (very smart)

⑤ 우리 엄마는 재능이 많으시다. (many talents)

⑥ 그녀는 노래와 춤, 그리고 요리를 잘하신다. (good at)

Every 모든

오늘 일기에서 every student는 '모든 학생'이라는 뜻이에요. 여기서 '모든'은 여러 명을 뜻하지만 every 뒤에는 복수명사 students가 아닌 단수명사 student가 오니 주의해야 해요. 물론, 동사 역시 love가 아닌 loves로 표현해야 겠지요?

Every student should read this book. 모든 학생들이 이 책을 읽어야 한다.
Every bus is full. 모든 버스가 꽉 차있다.

빈칸에 알맞은 말을 써서 문장을 완성하세요.

① Every _____ has its thorns. 모든 장미에는 가시가 있다.

② Every girl _____ the singer. 모든 여자아이들이 그 가수를 좋아한다.

MORE EXPRESSIONS 존경받는 사람들의 특징에 대한 표현을 더 배워봐요.

take good care of others 다른 사람들을 잘 챙긴다	**do a lot of volunteer work** 자원봉사를 많이 한다	**always try their best** 언제나 최선을 다한다
be a modest person 겸손한 사람이다		**be considerate** 사려 깊다

조부모님 소개하기

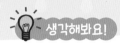
생각해봐요!

· 나의 조부모님에 대해 생각해 보세요.
· 어떤 점을 닮고 싶은지 써보세요.

My Grandfather 우리 할아버지

- **seventy years old** 일흔
- **still very healthy** 여전히 매우 건강하신

건강 비법 1

**goes swimming
every morning**

매일 아침에 수영을 하러 가신다

건강 비법 2

**usually eats fruits
and vegetables**

주로 과일과 채소를 드신다

건강 비법 3

**loves to
sing songs**

노래 부르기를 좋아하신다

효과

younger and healthier

더 젊고 건강하신

● 위에 나온 표현을 활용하여 문장을 완성해 보세요.

① My grandfather is _____ years old.   우리 할아버지는 일흔이시다.

② He goes _____ every morning.   그는 매일 아침 수영을 하러 간다.

③ These things make him _____ and healthier.

이것들이 그를 더 젊고 건강하게 해준다.

My Grandfather's Health Secret

My grandfather is seventy years old, but he is still very healthy.

I will tell you his secret.

He goes swimming every morning.

It makes him so energetic.

He usually eats fruits and vegetables.

And he never eats too much.

When he has free time, he loves to sing songs.

These things make him younger and healthier.

I want to learn from him.

우리말로
읽어보세요!

우리 할아버지의 건강 비법

우리 할아버지는 일흔이시지만 여전히 아주 건강하시다. 내가 할아버지의 비법을 말해주겠다. 할아버지는 매일 아침 수영을 하러 가신다. 이것이 할아버지를 매우 활기차게 만들어준다. 할아버지는 주로 과일과 채소를 드신다. 그리고 절대 과식을 하지 않으신다. 시간이 날 때마다 할아버지는 노래 부르는 것을 즐기신다. 이런 것들이 우리 할아버지를 더 젊고 건강하게 해준다. 나는 이런 점을 할아버지로부터 배우고 싶다.

23

오늘 일기
다시 써 보기

괄호 안에 있는 단어를 사용해서 오늘 배운 문장을 다시 써 보세요.
잘 기억이 나지 않으면 앞으로 돌아가 따라 써 보세요.

① 우리 할아버지는 여전히 아주 건강하시다. (still, healthy)

② 내가 그분의 비밀을 말해 주겠다. (tell, his secret)

③ 그분은 매일 아침 수영을 하러 가신다. (go swimming, morning)

④ 이것이 그분을 매우 활기차게 만들어준다. (make, energetic)

⑤ 그분은 주로 과일과 채소를 드신다. (usually, fruits and vegetables)

⑥ 이런 것들이 그분을 더 젊고 건강하게 해준다. (make, younger and healthier)

GRAMMAR TIP

접속사 but과 and

오늘 일기에는 My grandfather is ~ old, but he is ~ healthy.라는 문장이 등장합니다. 이때, but은 앞에서 말한 것과 반대되는 내용을 연결할 때 쓰는 접속사로 '그러나'를 의미합니다. 또한 접속사 and는 '그리고'라는 뜻으로, 앞의 내용에 덧붙일 때 씁니다.

My brother is short, **but** he is good at basketball. 우리 오빠는 키가 작지만 농구를 잘 한다.
I am swimming, **and** Teddy is jogging. 나는 수영을 하고 테디는 조깅을 하고 있다.

문장을 읽고 알맞은 말에 동그라미 해보세요.

① My room is small, (and / but) I like it. 내 방은 작지만 나는 내 방이 좋다.

② Let's go out (and / but) have a party. 밖으로 나가서 파티를 하자.

MORE EXPRESSIONS

우리 할아버지와 할머니에 대한 표현을 더 배워봐요.

be kind	be on my side	be a great cook
친절하시다	내 편을 들어주신다	훌륭한 요리사시다

can't see small letters	can't hear well	have a bright smile
작은 글씨를 잘 못 보신다	귀가 잘 안 들리신다	환한 미소를 갖고 계신다

UNIT 4

추억의 인물 소개하기

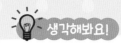

생각해봐요!

· 가장 행복했던 날은 누구와 함께했나요?
· 가장 슬펐던 날을 기억하나요?

Good Memories of My Grandma

할머니에 관한 좋은 추억

a house near the seaside
바닷가 근처의 집

a good cook
훌륭한 요리사

a great storyteller
대단한 이야기꾼

happy summer vacations
행복한 여름 방학

lots of yummy food
수많은 맛있는 음식

fun bedtime stories
잠들기 전 재미있는 이야기

● 위에 나온 표현을 활용하여 문장을 완성해 보세요.

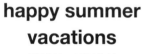

① She lived in a house near the _____.   그녀는 바닷가 근처에 사셨다.

② She made lots of yummy _____.   그녀는 맛있는 요리를 많이 해주셨다.

③ She was a great _____.   그녀는 대단한 이야기꾼이셨다.

26

Good Memories of My Grandma

My saddest day was April 26.

My grandma passed away that day three years ago.

I have good memories of her.

She lived in a house near the seaside.

My sister and I used to have happy summer vacations there.

My grandma was a good cook.

She made lots of yummy food, such as *kimchi* pancakes and dumplings.

I cannot forget her food.

She was a great storyteller.

Her bedtime stories were really fun.

I miss her so much.

우리말로
읽어보세요!

Expressions

- **saddest** 가장 슬픈
- **pass away** 돌아가시다
- **memory** 추억
- **seaside** 바닷가
- **used to** ~하고는 했다
- **dumpling** 만두
- **bedtime story** 잠잘 때의 동화
- **miss** 그리워 하다

할머니에 관한 좋은 추억

4월 26일은 내게 가장 슬픈 날이었다. 3년 전 그 날에 우리 할머니께서 돌아가셨다. 나는 할머니에 관한 좋은 추억들이 있다. 할머니는 바닷가 근처의 집에 사셨다. 나와 언니는 거기에서 행복한 여름 방학을 보내고는 했다. 우리 할머니는 훌륭한 요리사셨다. 할머니는 김치부침개와 만두 같은 맛있는 요리를 많이 해주셨다. 나는 할머니의 음식을 잊을 수가 없다. 할머니는 대단한 이야기꾼이셨다. 잠들기 전에 할머니께서 들려주신 이야기는 정말 재미있었다. 나는 할머니가 정말 그립다.

27

오늘 일기 다시 써 보기

괄호 안에 있는 단어를 사용해서 오늘 배운 문장을 다시 써 보세요.
잘 기억이 나지 않으면 앞으로 돌아가 따라 써 보세요.

① 나는 그녀에 관한 좋은 추억들이 있다. (good memories of)

_____

_____

② 그녀는 바닷가 근처의 집에 사셨다. (live, the seaside)

_____

_____

③ 우리 할머니는 훌륭한 요리사셨다. (my grandma, a cook)

_____

_____

④ 그녀는 맛있는 요리를 많이 해주셨다. (make, yummy food)

_____

_____

⑤ 잠들기 전에 그녀가 들려주신 이야기는 정말 재미있었다. (bedtime stories)

_____

_____

⑥ 나는 그녀가 정말 그립다. (miss)

_____

_____

28

소유를 나타내는 말 (소유격)

'나의 ~', '너의 ~'처럼 어떤 것의 소유를 나타내는 표현을 '소유격'이라고 합니다. 일기에서는 '나의 할머니'를 my grandma라고 했어요. 이러한 소유격 옆에는 명사가 따라오고, 사람이나 동물의 소유격을 나타낼 때는 's를 붙여요.

I (나) → **my** (나의)　　　you (너) → **your** (너의)　　　she (그녀) → **her** (그녀의)

he (그) → **his** (그의)　　　we (우리) → **our** (우리의)　　　they (그들) → **their** (그들의)

Toby (토비, 사람 이름) → **Toby's** (토비의)　　　cat (고양이) → **cat's** (고양이의)

빈칸에 알맞은 말을 써서 문장을 완성하세요.

① It is _____ bag.　　그것은 그녀의 가방이다.

② _____ car is fast.　　우리 차는 빠르다.

MORE EXPRESSIONS　　기쁘거나 슬펐던 추억에 대한 표현을 더 배워봐요.

☐ I got a high grade on the test.　　나는 시험에서 높은 점수를 받았다.

☐ I won a prize at a singing contest.　　나는 노래 자랑 대회에서 상을 받았다.

☐ We used to spend our vacations at the shore.

　　우리는 해안가에서 방학을 보내곤 했다.

☐ My friend moved far away.　　내 친구가 멀리 이사 갔다.

☐ I got a scolding from Mom.　　난 엄마한테 혼났다.

☐ I fought with my sister.　　난 언니와 싸웠다.

UNIT 5
단짝 친구 소개하기

 생각해봐요!

· 나와 가장 친한 친구는 누구인가요?
· 그 친구의 외모와 성격은 어떤가요?

My Best Friend, Nina
나의 단짝 친구 니나

성격
fun 재미있는

외모
· **a round face** 둥근 얼굴
· **dark brown eyes**
  짙은 갈색 눈동자
· **long, wavy black hair**
  웨이브가 있는 검은색 긴 머리

재능
· **singing**
  노래 부르기
· **dancing** 춤추기

● 위에 나온 표현을 활용하여 문장을 완성해 보세요.

① She has a _____ with dark brown eyes.
그녀는 짙은 갈색 눈동자에 얼굴이 둥글다.

② She is really _____. 그녀는 재미있다.

③ She is good at _____ and _____. 그녀는 노래도 잘하고 춤도 잘 춘다.

My Best Friend, Nina

Nina is my best friend.

She has a round face with dark brown eyes.

She has long, wavy black hair.

I like her because she is really fun.

All my classmates like her funny stories.

She is good at singing and dancing.

Today, she sang and danced at the talent show.

She was really amazing. She was like a real singer.

I am so lucky to have a nice friend like her.

I hope we are in the same class next year.

Expressions

- **wavy** 웨이브가 있는
- **classmate** 반 친구
- **good at** ~을 잘하는
- **talent show** 장기자랑
- **amazing** 놀라운
- **real** 진짜의
- **lucky** 운이 좋은
- **like** ~같은
- **hope** 바라다
- **the same** 같은
- **next year** 내년에

우리말로 읽어보세요!

나의 단짝 친구 니나

니나는 나의 단짝 친구다. 그 아이는 짙은 갈색 눈동자에 얼굴이 둥글다. 니나는 웨이브가 있는 검은색 긴 머리를 하고 있다. 나는 니나가 재미있어서 정말 좋다. 우리 반 친구들도 모두 그녀의 재미있는 이야기를 좋아한다. 니나는 노래도 잘하고 춤도 잘 춘다. 오늘 장기자랑에서 니나는 노래도 부르고 춤도 추었다. 정말 멋졌다. 진짜 가수 같았다. 니나처럼 멋진 친구가 있다니 나는 참 운이 좋다. 내년에도 우리가 같은 반이 되었으면 좋겠다.

오늘 일기 다시 써 보기

괄호 안에 있는 단어를 사용해서 오늘 배운 문장을 다시 써 보세요.
잘 기억이 나지 않으면 앞으로 돌아가 따라 써 보세요.

① 니나는 나의 단짝 친구다. (my best friend)

② 그녀는 웨이브가 있는 검은색 긴 머리를 하고 있다. (have, wavy)

③ 나는 그녀가 재미있어서 정말 좋다. (because, fun)

④ 그녀는 노래도 잘하고 춤도 잘 춘다. (good at, singing, dancing)

⑤ 그녀는 진짜 가수 같았다. (real singer)

⑥ 내년에도 우리가 같은 반이 되었으면 좋겠다. (hope, the same class, next year)

사람을 대신하는 말 (인칭대명사)

오늘 일기에서 Nina를 대신해서 말할 때 she 또는 her라고 했어요. 사람의 이름을 대신하여 사용하는 인칭대명사는 그 말이 문장의 주어(~은/는)일 때와 목적어(~을/를)일 때 형태가 다르답니다.

I (나는) → me (나를)　　you (너는) → you (너를)　　she (그녀는) → her (그녀를)

he (그는) → him (그를)　　we (우리는) → us (우리를)　　they (그들은) → them (그들을)

문장을 읽고 알맞은 말에 동그라미 해보세요.

① (He / Him) has blue eyes.　　그는 눈이 파랗다.

② I like (they / them).　　나는 그들을 좋아한다.

친구의 외모를 나타내는 표현을 더 배워봐요.

☐ She has short/long hair.　　그녀는 머리가 짧다/길다.

☐ She has curly hair.　　그녀는 곱슬 머리이다.

☐ She has dimples.　　그녀는 보조개가 있다.

☐ He is short/tall.　　그는 키가 작다/크다.

☐ He has green eyes.　　그는 눈이 초록색이다.

☐ He has thick eyebrows.　　그는 눈썹이 짙다.

UNIT 6

우리 학교 소개하기

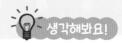
생각해봐요!

· 학교에서 주로 무엇을 하나요?
· 우리 학교의 특별한 점은 무엇인가요?

I Like My School.
나는 우리 학교가 좋다.

좋아하는 이유 1
a large playground
큰 운동장

**play soccer
after school**
방과 후에 축구를 한다

좋아하는 이유 2
a garden
정원

**grow vegetables
and raise animals**
채소와 동물을 기른다

좋아하는 이유 3
after-school
activities
방과 후 활동

● **cook**
요리를 한다

● **make a robot**
로봇을 만든다

● 위에 나온 표현을 활용하여 문장을 완성해 보세요.

① My school has a large _____.   우리 학교에는 커다란 운동장이 있다.

② It is exciting to grow _____ and raise _____.
채소와 동물을 기르는 일은 아주 신난다.

③ I am going to learn how to make a _____.
나는 로봇 만드는 방법을 배울 것이다.

34

I Like My School.

I go to Forest Elementary School.

I like my school very much.

There are some reasons for this.

First, my school has a large playground.

I can enjoy playing soccer there after school.

Next, my school has a garden.

It is exciting to grow vegetables and raise animals.

Last, my school has many after-school activities.

I took a cooking class last year.

This year, I am going to learn how to make a robot.

I look forward to it.

Expressions

- **go to** ~에 다니다
- **reason** 이유
- **playground** 운동장
- **exciting** 신나는
- **garden** 정원
- **grow** 키우다
- **raise** 기르다
- **look forward to**
  ~하기를 고대하다

나는 우리 학교가 좋아.

나는 포레스트 초등학교에 다닌다. 나는 우리 학교가 정말 좋다. 여기에는 몇 가지 이유가 있다. 첫째, 우리 학교에는 커다란 운동장이 있다. 수업이 끝나고 나면 운동장에서 축구를 즐길 수 있다. 그 다음으로, 우리 학교에는 정원이 있다. 채소와 동물을 기르는 일은 아주 신난다. 마지막으로, 우리 학교에는 방과 후 활동이 많다. 작년에 나는 요리 수업을 들었다. 올해는 로봇 만드는 방법을 배울 것이다. 정말 기대된다.

괄호 안에 있는 단어를 사용해서 오늘 배운 문장을 다시 써 보세요.
잘 기억이 나지 않으면 앞으로 돌아가 따라 써 보세요.

① 나는 포레스트 초등학교에 다닌다. (Forest Elementary School)

_____

_____

② 나는 우리 학교가 정말 좋다. (like, my school)

_____

_____

③ 우리 학교에는 커다란 운동장이 있다. (a large playground)

_____

_____

④ 나는 방과 후에 그곳에서 축구를 즐길 수 있다. (enjoy playing soccer)

_____

_____

⑤ 그 다음으로, 우리 학교에는 정원이 있다. (have a garden)

_____

_____

⑥ 채소를 기르는 일은 아주 신난다. (exciting, grow vegetables)

_____

_____

GRAMMAR TIP

There is/are (~이 있다)

'우리 학교가 좋은 몇 가지 이유가 있어.'라고 말할 때 '~가 있다'라는 표현을 There are로 썼어요. 이처럼 '(무엇이) ~있다'라고 존재를 나타낼 때 「There is + 한 개의 명사/There are + 여러 개의 명사」를 써요. there가 단독으로 쓰일 때는 '거기에'라는 뜻을 나타내지만, There is/are에서는 따로 해석하지 않습니다.

There is a book on the desk. 책상 위에 책이 한 권 있다.
There are some candies in the basket. 바구니 안에 사탕이 몇 개 있다.

문장을 읽고 알맞은 말에 동그라미 해보세요.

① There (is / are) two apples on the table. 식탁 위에 사과가 두 개 있다.

② There (is / are) a cat under the sofa. 소파 아래에 고양이 한 마리가 있다.

MORE EXPRESSIONS

우리 학교를 소개하는 표현을 더 배워봐요.

☐ Our school meals are great. 우리 학교 급식은 정말 맛있다.

☐ I go to the school library after school. 나는 수업이 끝나고 학교 도서관에 간다.

☐ I like my classmates. 나는 우리 반 친구들이 좋다.

☐ My teacher is very kind and smart. 우리 선생님은 매우 친절하고 똑똑하시다.

☐ The P.E. classes are very fun. 체육 시간이 정말 재미있다.

☐ I am learning to swim in the after-school program.
나는 방과 후 프로그램에서 수영을 배우고 있다.

UNIT 7

내가 사는 곳 소개하기

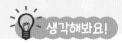
생각해봐요!

· 내가 사는 곳은 어디인가요?
· 내가 사는 곳의 장점은 무엇인가요?

Busan: The Second Largest City in Korea
부산: 한국에서 두 번째로 큰 도시

Beach 해수욕장

Haeundae 해운대

···> **a beautiful seaside**
아름다운 해변

Festival 축제

the Busan International Film Festival 부산 국제 영화제

···> **A lot of celebrities visit Busan.** 많은 유명인사가 부산을 방문한다.

···> **People watch various movies.**
사람들은 다양한 영화를 관람한다.

a very attractive city
매우 매력적인 도시

● 위에 나온 표현을 활용하여 문장을 완성해 보세요.

① It's the second _____ city in Korea.
이곳은 한국에서 두 번째로 큰 도시다.

② Haeundae has a beautiful _____. 해운대에는 아름다운 해변이 있다.

③ Busan is a very _____ city. 부산은 매우 매력적인 도시다.

38

I Love Busan.

I live in Busan now.

It's the second largest city in Korea.

Busan is known for its nice beaches and festivals.

My favorite beach is Haeundae.

Haeundae has a beautiful seaside.

Busan is also famous for the Busan International Film Festival.

It takes place every year.

A lot of celebrities visit Busan, and people watch various movies then.

I think Busan is a very attractive city.

Expressions

· **largest** 가장 큰
· **festival** 축제
· **famous for** ~로 유명한
· **international** 국제적인
· **film** 영화
· **take place** 발생하다
· **every year** 매년
· **celebrity** 유명 인사
· **various** 다양한
· **attractive** 매력적인

우리말로
읽어보세요!

나는 부산을 사랑해.

나는 현재 부산에 산다. 이곳은 한국에서 두 번째로 큰 도시다. 부산은 멋진 해수욕장과 축제로 유명하다. 내가 가장 좋아하는 해수욕장은 해운대다. 해운대에는 아름다운 해변이 있다. 부산은 또한 부산 국제 영화제로도 유명하다. 이 축제는 매년 열린다. 그때 수많은 유명 인사가 부산을 방문하고 사람들은 다양한 영화를 관람한다. 나는 부산이 정말 매력적인 도시라고 생각한다.

괄호 안에 있는 단어를 사용해서 오늘 배운 문장을 다시 써 보세요.
잘 기억이 나지 않으면 앞으로 돌아가 따라 써 보세요.

① 나는 현재 부산에 산다. (live in)

_____

_____

② 이곳은 한국에서 두 번째로 큰 도시다. (the second largest city)

_____

_____

③ 부산은 멋진 해수욕장으로 유명하다. (known for, beaches)

_____

_____

④ 내가 가장 좋아하는 해수욕장은 해운대다. (favorite, Haeundae)

_____

_____

⑤ 그것은 매년 열린다. (take place)

_____

_____

⑥ 부산은 정말 매력적인 도시다. (attractive)

_____

_____

 **GRAMMAR TIP**

일반동사의 현재형

주어의 상태와 동작을 나타내는 동사를 일반동사라고 해요. 오늘 일기에는 살다(live), 있다(has), 열리다(takes place), 방문하다(visit), 관람하다(watch), 생각하다(think)라는 동사가 나왔지요? 현재의 일을 나타내는 일반동사는 주어가 3인칭(she/he/it)일 때만 동사 뒤에 -(e)s를 붙이고, 이외의 경우에는 동사원형 그대로 씁니다.

I **like** to play computer games. 나는 컴퓨터 게임 하는 것을 좋아한다.

He **watches** a movie every Saturday. 그는 토요일마다 영화를 본다.

- -

빈칸에 알맞은 말을 써서 문장을 완성하세요.

① They _____ in Seoul.　그들은 서울에 산다.

② The girl often _____ her grandparents.
그 여자아이는 조부모님 댁을 자주 방문한다.

 **MORE EXPRESSIONS**　　내가 사는 곳을 소개하는 표현을 더 배워봐요.

☐ **There are many parks in my town.**　우리 마을에는 공원이 많다.

☐ **There is a firework festival in my town.**　우리 마을에는 불꽃놀이 축제가 있다.

☐ **There are a lot of libraries in my town.**　우리 마을에는 도서관이 많다.

☐ **The air is nice in my town.**　우리 마을은 공기가 좋다.

☐ **My town's lake is really famous.**　우리 마을의 호수는 정말 유명하다.

☐ **My town is famous for strawberries.**

우리 마을은 딸기로 유명하다.

UNIT 8 내가 가장 좋아하는 음식

· 가장 좋아하는 음식은 무엇인가요?
· 그 음식을 좋아하는 이유는 무엇인가요?

제일 좋아하는 것
cheese tteokbokki
치즈 떡볶이

언제 먹지?
after school
방과 후에

좋아하는 이유
get rid of my stress
스트레스를 없애준다

누구와 먹지?
with my friends
친구들과

어디에서 먹지?
at a snack bar
분식점에서

주의사항
not to eat too much
너무 많이 먹지 않도록

My Favorite Food Is *Tteokbokki.*

내가 가장 좋아하는 음식은 떡볶이이다.

● 위에 나온 표현을 활용하여 문장을 완성해 보세요.

① My favorite is _____ tteokbokki. 내가 가장 좋아하는 것은 치즈 떡볶이다.

② It can get rid of my _____. 그것은 나의 스트레스를 없애줄 수 있다.

③ Be careful not to eat too _____! 너무 많이 먹지 않도록 조심해!

Tteokbokki: A Great Snack

My favorite food is *tteokbokki*.

It is a great snack anytime.

After school, I go to a snack bar with my friends.

There are many kinds of *tteokbokki*.

My favorite is cheese *tteokbokki*.

It is really yummy.

When I am stressed, *tteobokki* is the first thing

that comes to my mind.

I feel like it can get rid of my stress.

It is so hard not to eat even when I am already full.

However, be careful not to eat too much!

If you do that, you could gain weight.

우리말로
읽어보세요!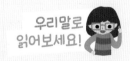

떡볶이 : 끝내주는 간식

내가 가장 좋아하는 음식은 떡볶이다. 그것은 언제나 끝내주는 간식이다. 수업이 끝나고 나는 친구들과 함께 분식점에 간다. 떡볶이는 종류가 많다. 내가 가장 좋아하는 것은 치즈 떡볶이다. 정말 맛있다. 나는 스트레스 받을 때 떡볶이가 가장 먼저 생각난다. 떡볶이가 스트레스를 없애줄 수 있다는 느낌이 든다. 이미 배가 부르다고 해도 안 먹기가 정말 힘들다. 하지만 너무 많이 먹지 않도록 조심해! 너무 많이 먹으면 살이 찔지도 모르니까.

Expressions

- **snack** 간식
- **anytime** 언제나
- **stressed** 스트레스 받은
- **come to one's mind** 생각이 나다
- **hard** 어려운
- **full** 배가 부른
- **careful** 조심하는
- **too much** 너무 많이
- **gain weight** 살이 찌다
- (↔ **lose weight** 살이 빠지다)

43

오늘 일기
다시 써 보기

괄호 안에 있는 단어를 사용해서 오늘 배운 문장을 다시 써 보세요.
잘 기억이 나지 않으면 앞으로 돌아가 따라 써 보세요.

① 내가 가장 좋아하는 음식은 떡볶이다. (favorite, *tteokbokki*)

② 나는 친구들과 함께 분식점에 간다. (a snack bar)

③ 내가 가장 좋아하는 것은 치즈 떡볶이다. (cheese *tteokbokki*)

④ 그것은 정말 맛있다. (yummy)

⑤ 그것이 스트레스를 없애줄 수 있다는 느낌이 든다. (get rid of, stress)

⑥ 너무 많이 먹지 않도록 조심해! (be careful, eat too much)

GRAMMAR TIP

능력을 나타내는 조동사 can (~할 수 있다)

'~할 수 있다'라는 뜻을 나타내려면 can의 도움을 받아요. 오늘 일기에서 '스트레스를 없앨 수 있다' 라고 할 때 it can get rid of my stress라고 썼지요? 조동사인 can은 일반동사 앞에서 '~할 수 있다' 라는 의미를 보태줍니다. can과 같은 조동사 뒤에는 항상 동사원형을 쓰는 것도 잊지 마세요!

I **can** swim in the sea. 나는 바다에서 수영할 수 있다.

He **can** play the guitar. 그는 기타를 연주할 수 있다.

괄호 안에 있는 단어를 사용해서 문장을 완성하세요.

① Sally _____ Spanish. (speak)
샐리는 스페인 어로 말할 수 있다.

② I _____ spaghetti. (cook)
나는 스파게티를 요리할 수 있다.

MORE EXPRESSIONS

음식에 대한 표현을 더 배워봐요.

☐ The *kimchi* stew was too spicy.   그 김치찌개는 너무 매웠다.

☐ My mom's cakes are really delicious.   우리 엄마의 케이크는 정말 맛있다.

☐ The oranges were too sour.   오렌지가 너무 시었다.

☐ The *bulgogi* was too salty.   불고기가 너무 짰다.

☐ I am allergic to seafood.   나는 해산물에 알레르기가 있다.

☐ I can't eat anything hot.   나는 뜨거운 음식을 전혀 못 먹는다.

UNIT 9

내가 가장 좋아하는 계절

생각해봐요!

· 어떤 계절을 가장 좋아하나요?
· 그 계절에 즐겨 하는 놀이는 무엇인가요?

Winter Is the Best Season.

이유 1: 날씨

a lot of snow
많은 눈
···▶ **makes the world very beautiful**
세상을 정말 아름답게 만들어준다

이유 2: 활동

fun things to do
재미있게 할 만한 일
···▶ • **snowball fights** 눈싸움
   • **making snowmen**
     눈사람 만들기
   • **sledding** 썰매 타기

이유 3: 휴일

Christmas
크리스마스
···▶ **get presents**
선물을 받는다

●위에 나온 표현을 활용하여 문장을 완성해 보세요.

① The white _____ makes the world very _____.
하얀 눈은 세상을 정말 아름답게 만들어준다.

② I can go _____ with my friends.   나는 친구들과 함께 썰매를 타러 갈 수 있다.

③ Above all, _____ is in winter.   무엇보다도, 겨울에는 크리스마스가 있다.

Winter Is the Best Season.

I like winter the most.

It snows a lot in winter.

The white snow makes the world very beautiful.

Plus, there are fun things to do in this season.

I like to have snowball fights and love to make snowmen.

I can go sledding with my friends, too.

Above all, Christmas is in winter.

It is my favorite holiday because I can get presents.

Christmas is just around the corner.

I can't wait for it!

Expressions

- **snowball fight** 눈싸움
- **snowman** 눈사람
- **go sledding** 썰매 타러 가다
- **holiday** 휴일
- **present** 선물
- **around the corner** 얼마 안 남은
- **can't wait for** ~에 대한 기대가 크다

우리말로 읽어보세요!

겨울은 최고의 계절이야.

나는 겨울을 가장 좋아한다. 겨울에는 눈이 많이 내린다. 하얀 눈은 세상을 정말 아름답게 만들어준다. 그리고, 이 계절에는 재미있게 할 만한 일이 많다. 나는 눈싸움 하는 것도 좋아하고, 눈사람 만드는 것도 좋아한다. 친구들과 함께 썰매를 타러 갈 수도 있다. 무엇보다도, 겨울에는 크리스마스가 있다. 크리스마스에 선물을 받을 수 있기 때문에 나는 이 휴일이 가장 좋다. 크리스마스가 이제 코 앞이다. 그날이 정말 기대된다!

괄호 안에 있는 단어를 사용해서 오늘 배운 문장을 다시 써 보세요.
잘 기억이 나지 않으면 앞으로 돌아가 따라 써 보세요.

1. 나는 겨울을 가장 좋아한다. (like, the most)

2. 겨울에는 눈이 많이 내린다. (snow, winter)

3. 나는 눈싸움 하는 것을 좋아한다. (have snowball fights)

4. 나는 친구들과 함께 썰매를 타러 갈 수도 있다. (go sledding)

5. 무엇보다도, 겨울에는 크리스마스가 있다. (above all, Christmas)

6. 나는 그것이 정말 기대된다! (wait for)

이유를 나타내는 접속사 because

오늘 일기에는 선물을 받을 수 있기 때문에 크리스마스를 좋아한다고 말하는 내용이 나와요. 이처럼, 원인을 나타내는 문장과 결과를 나타내는 문장 사이에 because가 나와서 두 개의 문장을 연결해 줍니다.

I like you **because** you are kind. 나는 당신이 친절해서 좋다.

He was late **because** there was a traffic jam. 그는 교통체증 때문에 늦었다.

- -

문장을 읽고 알맞은 말에 동그라미 해보세요.

① The picnic was canceled (because / and) it rained.
비가 왔기 때문에 소풍이 취소되었다.

② (But / Because) I was scared, I couldn't sleep well.
무서워서 나는 잠을 제대로 잘 수 없었다.

☐ It gets warmer in spring.   봄에는 날씨가 더 따뜻해진다.

☐ Cherry blossoms bloom beautifully.   벚꽃이 아름답게 핀다.

☐ It is hot in summer.   여름에는 날씨가 덥다.

☐ Because of the rainy season, it is very humid.   장마철이라서, 너무 습하다.

☐ The sky is very high and blue in autumn.   가을에는 하늘이 아주 높고 파랗다.

☐ Leaves on trees turn red and yellow.   나뭇잎이 울긋불긋하게 단풍이 든다.

UNIT 10 내가 가장 좋아하는 가수

생각해봐요!

· 좋아하는 가수는 누구인가요?
· 그 가수를 좋아하는 이유는 무엇인가요?

My Favorite Group

Songs 노래

easy to sing along to
따라 부르기 쉬운

Dancing 춤

so cool and powerful
정말 멋있고 힘이 넘치는

Looks 외모

all handsome
모두 잘생긴

Friends

● 위에 나온 표현을 활용하여 문장을 완성해 보세요.

① It is easy to _____ along to their songs.   그들의 노래는 따라 부르기 쉽다.

② Their dancing is so _____ and _____!
그들의 춤은 정말 멋있고 힘이 넘친다!

③ Above all, the members are all _____.
무엇보다도, 멤버들이 모두 잘생겼다.

My Favorite Group

My favorite group is Friends.

Friends is loved by people of all ages.

It is easy to sing along to their songs.

Everybody enjoys the melodies and words.

Plus, their dancing is so cool and powerful!

I have watched their music videos more than

a thousand times.

Above all, the members are all handsome.

I'm so pleased whenever I watch them.

These are the reasons why I like them.

I hope to go to a Friends' concert soon.

Expressions

- **of all ages**
  모든 연령대의
- **sing along**
  노래를 따라 부르다
- **melody** 멜로디
- **word** 가사(=lyrics)
- **music video**
  뮤직 비디오
- **handsome** 잘생긴
- **watch** 보다
- **concert** 콘서트

우리말로
읽어보세요!

내가 가장 좋아하는 그룹

내가 가장 좋아하는 그룹은 프렌즈다. 프렌즈는 모든 연령대의 사람들로부터 사랑받는다. 그들의 노래는 따라 부르기 쉽다. 모든 사람들이 그 멜로디와 가사를 즐긴다. 게다가, 그들의 춤은 정말 멋있고 힘이 넘친다! 나는 그들의 뮤직 비디오를 천 번도 넘게 봤다. 무엇보다도, 멤버들이 모두 잘생겼다. 그들을 바라볼 때마다 난 정말 기분이 좋다. 이것이 바로 내가 프렌즈를 좋아하는 이유다. 프렌즈 콘서트에 빨리 가고 싶다.

오늘 일기 다시 써 보기

괄호 안에 있는 단어를 사용해서 오늘 배운 문장을 다시 써 보세요.
잘 기억이 나지 않으면 앞으로 돌아가 따라 써 보세요.

① 내가 가장 좋아하는 그룹은 프렌즈다. (group)

_____

_____

② 그들의 노래는 따라 부르기 쉽다. (sing along to)

_____

_____

③ 그들의 춤은 정말 멋있고 힘이 넘친다! (cool, powerful)

_____

_____

④ 무엇보다도, 멤버들이 모두 잘생겼다. (above all, handsome)

_____

_____

⑤ 이것이 바로 내가 그들을 좋아하는 이유다. (these, reasons why)

_____

_____

⑥ 나는 프렌즈 콘서트에 빨리 가고 싶다. (a Friends' concert, soon)

_____

_____

💡 GRAMMAR TIP

주어가 어떤 일을 당할 때 쓰는 수동태

오늘 일기에서 '사람들로부터 사랑을 받는다'를 is loved by people이라고 썼어요. 주어가 다른 주체에 의해 어떤 일을 당하게 되는 경우, 수동태 형식으로 쓰는데, 「be동사 + 일반동사의 과거분사 + by + 행위를 하는 주체」로 표현합니다. 이때, be동사(am/are/is)는 문장의 주어에 따라 달라집니다.

Galbi **is loved by** foreigners. 갈비는 외국인들에게 사랑받는다.

The presents **are sent by** a delivery service. 그 선물은 택배로 보내진다.

- -

괄호 안에 있는 단어를 사용해서 문장을 완성하세요.

① The programs _____ _____ by Macrosoft. (make)
  그 프로그램은 매크로소프트 사에 의해 만들어진다.

② Ice cream _____ _____ by a lot of children. (love)
  아이스크림은 많은 어린이들에게 사랑받는다.

💡 MORE EXPRESSIONS

좋아하는 가수와 음악에 대한 표현을 더 배워봐요.

☐ I like hip-hop the most. 난 힙합을 가장 좋아한다.

☐ I am a big fan of dance music. 난 댄스 음악의 열렬한 팬이다.

☐ She has an angelic voice. 그녀는 천사 같은 목소리를 지녔다.

☐ The lyrics are like poems. 노래 가사가 시 같다.

☐ I watch music videos on YouTube. 난 유튜브로 뮤직 비디오를 본다.

☐ I listen to music with my cell phone. 난 휴대전화로 음악을 듣는다.

✏ _____

✏ _____

UNIT 11

나의 장래희망

생각해봐요!

· 장래희망은 무엇인가요?
· 그 직업의 특징은 무엇인가요?

My Dream Job

나의 장래희망

a vet 수의사

: a doctor for animals

동물을 위한 의사

되고 싶은 이유

love animals

동물을 사랑한다

하는 일

treat sick or hurt animals

아프거나 다친 동물을 치료한다

준비할 일

· **study hard** 열심히 공부한다
· **read books about animals**

동물에 대한 책을 읽는다

● 위에 나온 표현을 활용하여 문장을 완성해 보세요.

① I want to be a ＿＿＿＿＿＿. 나는 수의사가 되고 싶다.

② I will treat animals when they are ＿＿＿＿＿ or hurt.

동물들이 아프거나 다쳤을 때 내가 돌봐줄 것이다.

③ I should ＿＿＿＿＿ hard to become a vet.

수의사가 되려면 나는 열심히 공부해야 한다.

54

My Dream Job

When I grow up, I want to be a vet.

A vet is a doctor for animals.

Taking care of animals is exciting because I really love them.

I will treat animals when they are sick or hurt.

When my dog Coco is sick, he can't tell me what's wrong.

So I will find out what's wrong.

I should study hard to become a vet.

I will also read books about animals.

I'm really looking forward to helping animals.

Expressions

- **dream job** 장래희망
- **grow up** 자라다
- **vet** 수의사
- **take care of** ~을 돌보다
- **treat** 치료하다
- **sick** 아픈
- **hurt** 다친
- **wrong** 잘못된
- **find out** 알아내다
- **become** 되다
- **look forward to**
  ~을 고대하다

나의 장래희망

나는 커서 수의사가 되고 싶다. 수의사는 동물을 위한 의사다. 나는 정말 동물을 사랑하기 때문에 동물을 돌보는 일이 신난다. 동물들이 아프거나 다쳤을 때 내가 치료해 줄 것이다. 우리 집 개 코코가 아프면 코코는 어디가 아픈지 내게 말할 수 없다. 그래서 내가 코코가 아픈 곳을 알아 낼 것이다. 수의사가 되려면 나는 열심히 공부해야 한다. 또한 동물에 관한 책도 읽을 것이다. 동물들을 도울 일이 정말 기대된다.

55

오늘 일기
다시 써 보기

괄호 안에 있는 단어를 사용해서 오늘 배운 문장을 다시 써 보세요.
잘 기억이 나지 않으면 앞으로 돌아가 따라 써 보세요.

① 나는 커서 수의사가 되고 싶다. (grow up, a vet)

② 나는 정말 동물을 사랑한다. (love animals)

③ 동물들을 돌보는 일은 신난다. (take care of, exciting)

④ 수의사가 되려면 나는 열심히 공부해야 한다. (study hard, become)

⑤ 또한 나는 동물에 관한 책도 읽을 것이다. (also, read books)

⑥ 동물들을 도울 일이 나는 정말 기대된다. (look forward to)

GRAMMAR TIP

미래를 나타내는 조동사 will

오늘 일기에서는 미래에 하고 싶은 일에 대해 will을 사용해서 '~일 것이다, ~할 것이다'라고 나타냈어요. 여기서 will은 미래에 대한 의지나 추측을 나타내는 조동사예요. will은 can과 같은 조동사로, 뒤에는 항상 동사원형이 옵니다. 부정형을 나타낼 때는 will not 또는 won't로 씁니다.

I **will** go to the library this Sunday. 나는 이번 일요일에 도서관에 갈 것이다.

He **will** be 13 years old next year. 그는 내년에 13살이 될 것이다.

- -

괄호 안에 있는 단어를 사용해서 미래를 나타내는 문장을 완성하세요.

① It _____ tonight. (snow)　오늘 밤 눈이 내릴 것이다.

② She _____ the food. (like)
그녀는 그 음식을 안 좋아할 것이다.

MORE EXPRESSIONS

직업에 대한 표현을 더 배워봐요.

☐ A chef is in charge of a kitchen.　요리사는 주방을 책임진다.

☐ A firefighter helps people in emergency situations.
소방관은 위급한 상황에 처한 사람들을 돕는다.

☐ A police officer protects people and property.
경찰관은 사람들과 재산을 지켜준다.

☐ A writer creates stories.　작가는 이야기를 창조해 낸다.

☐ An architect designs all kinds of buildings.
건축가는 모든 종류의 건물을 디자인한다.

UNIT 12 나의 장점

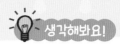

💡 생각해봐요!

· 나의 장점에 대해 생각해 보세요.
· 그 장점 때문에 어떤 일이 있었나요?

My Three Strengths

나의 장점 세 가지

장점 1	장점 2	장점 3
diligent 부지런한	**a good memory** 좋은 기억력	**a good artist** 훌륭한 화가

the first person at school every morning

매일 아침 일등으로 학교에 도착

never forget my friends' birthdays

친구들의 생일을 절대 잊지 않는다

draw pictures of my friends

친구들을 그려준다

● 위에 나온 표현을 활용하여 문장을 완성해 보세요.

① I am ＿＿＿＿＿＿＿. 나는 부지런하다.

② I never ＿＿＿＿＿＿ my friends' birthdays.
나는 친구들의 생일을 절대 잊지 않는다.

③ I am a good ＿＿＿＿＿＿. 나는 훌륭한 화가다.

I Like Myself.

I thought about my strengths.

Several things came to mind.

I am diligent.

I am the first person at school every morning.

Next, I have a good memory.

I never forget my friends' birthdays and always

celebrate them.

Lastly, I am a good artist.

During breaktime, I sometimes draw pictures

of my friends.

They love my drawings.

I like myself.

Expressions

- **strength** 장점
- **come to mind** 떠오르다
- **diligent** 부지런한
- **have a good memory** 기억력이 좋다
- **forget** 잊어버리다
- **celebrate** 축하하다
- **artist** 화가
- **breaktime** 쉬는 시간
- **draw** 그림을 그리다

우리말로 읽어보세요!

나는 내가 좋아.

나의 장점에 대해 생각해 봤다. 두세 가지가 머리에 떠올랐다. 나는 부지런하다. 나는 매일 아침 일등으로 학교에 도착한다. 그 다음에, 나는 기억력이 좋다. 나는 친구들의 생일을 절대 잊지 않고 항상 축하해 준다. 마지막으로, 나는 훌륭한 화가다. 쉬는 시간 에 나는 가끔 친구들을 그려준다. 친구들은 내 그림을 좋아한다. 나는 내가 좋다.

괄호 안에 있는 단어를 사용해서 오늘 배운 문장을 다시 써 보세요.
잘 기억이 나지 않으면 앞으로 돌아가 따라 써 보세요.

① 나의 장점에 대해 생각해 봤다. (my strengths)

② 나는 학교에 일등으로 도착한다. (the first person)

③ 그 다음에, 나는 기억력이 좋다. (a good memory)

④ 나는 친구들의 생일을 절대 잊지 않는다. (never forget)

⑤ 나는 가끔 친구들을 그려준다. (draw pictures of)

⑥ 나는 내가 좋다. (myself)

'얼마나 자주'를 나타내는 빈도부사

오늘 일기에 등장하는 always(항상), sometimes(가끔), never (절대~않는)처럼, 어떤 일이 얼마나 자주 일어나는지를 나타내는 말을 빈도부사라고 해요. 이 밖에도 often(자주), usually(주로) 등이 있지요. 빈도부사는 일반동사의 앞에, be동사나 조동사의 뒤에 위치한답니다.

I **always** get up at 7:00 o'clock. 나는 항상 7시에 일어난다.

My sister is **often** late. 우리 누나는 자주 늦는다.

- -

빈칸에 알맞은 말을 써서 문장을 완성하세요.

① My brother _____ plays soccer after school.
우리 오빠는 방과 후에 항상 축구를 한다.

② She _____ eats chocolate.   그녀는 절대 초콜릿을 먹지 않는다.

나의 장점을 나타내는 표현을 더 배워봐요.

☐ I am talented at sports.   난 스포츠에 재능이 있다.

☐ I am good at music.   난 음악을 잘한다.

☐ I get along with my classmates.   난 반 친구들과 잘 지낸다.

☐ I have good handwriting.   난 글씨를 잘 쓴다.

☐ I am curious.   난 호기심이 많다.

☐ I am humorous.   난 유머러스하다.

61

UNIT 13 나를 행복하게 해 주는 것

 **생각해봐요!**
· 무엇을 할 때 기분이 좋은가요?
· 그 이유는 무엇인가요?

Things That Make Me Happy
나를 행복하게 해 주는 것들

**chewing
bubble gum**
풍선껌 씹기

**swinging on
a swing**
그네 타기

**playing
with my dog**
강아지와 놀기

- **its sweet taste**
  달콤한 맛
- **blowing bubbles
  is fun** 풍선 불기는 재미있다

feel like flying
날고 있는 듯한 기분이 든다

**makes me
happy quickly**
금세 나를 행복하게 해 준다

● 위에 나온 표현을 활용하여 문장을 완성해 보세요.

① I like _____ bubble gum.　나는 풍선껌 씹는 것을 좋아한다.

② I feel like I'm _____.　마치 내가 날고 있는 듯한 기분을 느낀다.

③ It makes me _____ quickly.　그건 금세 나를 행복하게 해 준다.

Things That Make Me Happy

There are three things that make me happy.

First, I like chewing bubble gum.

I love the taste of sweet bubble gum.

And blowing bubbles is fun.

Second, I like swinging on a swing.

I feel like I'm flying in the sky.

Third, I like playing with my dog.

It makes me happy quickly even if I am not feeling good.

These three things all make me happy.

Expressions

- **chew** 씹다
- **bubble gum** 풍선껌
- **taste** 맛
- **blow** 불다
- **ride** 타다
- **swing** 그네 (타다)
- **feel** 느끼다
- **fly** 날다
- **even if** 심지어 ~해도

우리말로 읽어보세요!

나를 행복하게 해 주는 것들

나를 행복하게 만드는 세 가지가 있다. 첫째, 나는 풍선껌 씹는 것을 좋아한다. 나는 풍선껌의 달콤한 맛을 사랑한다. 그리고 풍선 부는 것도 재미있다. 두 번째, 나는 그네 타기를 좋아한다. 마치 내가 하늘을 날고 있는 듯한 기분을 느끼니까. 세 번째, 나는 강아지와 노는 것을 좋아한다. 내가 기분이 안 좋을 때도 강아지와 놀면 금세 나는 행복해진다. 이 세 가지는 모두 나를 행복하게 해 준다.

괄호 안에 있는 단어를 사용해서 오늘 배운 문장을 다시 써 보세요.
잘 기억이 나지 않으면 앞으로 돌아가 따라 써 보세요.

① 나를 행복하게 만드는 세 가지가 있다. (make me happy)

② 첫째, 나는 풍선껌 씹는 것을 좋아한다. (chew bubble gum)

③ 두 번째, 나는 그네 타기를 좋아한다. (swing on a swing)

④ 마치 내가 하늘을 날고 있는 듯한 기분을 느낀다. (feel like, fly in the sky)

⑤ 세 번째, 나는 강아지와 노는 것을 좋아한다. (play with my dog)

⑥ 그것은 금세 나를 행복하게 해 준다. (make me happy)

동사에 -ing를 붙여서 명사처럼 쓰는 동명사

오늘 일기에서 풍선껌을 '씹는 것'이라는 표현을 chewing으로 썼어요. chew는 '씹다'를 의미하는 동사인데, -ing를 붙여 명사처럼 쓸 수 있어요. 이처럼 동사원형 뒤에 -ing를 붙여서 명사 역할을 하는 말을 '동명사'라고 해요. change처럼 -e로 끝나는 동사는 -e를 지운 뒤, -ing를 붙이고, swim처럼 「단모음+단자음」일 때는 끝자음을 한 번 더 써줍니다.

(1) play→**playing**   dream→**dreaming**   look→**looking**

(2) change→**changing**   come→**coming**   give→**giving**

(3) swim→**swimming**   forget→**forgetting**   sit→**sitting**

괄호 안에 있는 단어를 사용해서 문장을 완성하세요.

① She likes _____ soccer. (play)   그는 축구 하는 것을 좋아한다.

② My uncle is _____ next to me. (sit)   우리 삼촌은 내 옆에 앉아 계신다.

나를 행복하게 하는 것에 대한 표현을 더 배워봐요.

my birthday
내 생일

an amusement park
놀이공원

get a lot of presents
선물을 많이 받는다

go on fun rides
재미있는
놀이기구를 탄다

내가 할 수 있는 요리

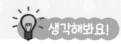
A Recipe for Kimchi Fried Rice
김치볶음밥 요리법

Cut some *kimchi* and ham.

김치와 햄을 썰어라.

Turn on the stove and heat the pan.

가스레인지를 켜고 냄비에 열을 가해라.

Stir-fry the *kimchi* and ham.

김치와 햄을 기름에 볶아라.

Add some rice and cook.

밥을 넣고 요리해라.

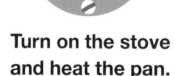

Put sesame oil in.

참기름을 넣어라.

Serve it with a fried egg.

달걀 프라이와 함께 차려내라.

● 위에 나온 표현을 활용하여 문장을 완성해 보세요.

① _____ some *kimchi* and ham into small pieces.

김치와 햄을 작게 썰어라.

② _____ some rice and cook some more.   밥을 넣고 조금 더 요리해라.

③ Finally, _____ it with a fried egg.   마지막으로, 달걀 프라이와 함께 차려내라.

A Recipe for *Kimchi* Fried Rice

My parents went out this evening.

So I decided to make *kimchi* fried rice.

It is easy to cook this food. Here is the recipe for it.

1. Cut some *kimchi* and ham into small pieces.
2. Turn on the stove and heat the pan.
3. Then, stir-fry the *kimchi* and ham with cooking oil for a few minutes.
4. After that, add some rice and cook some more.
5. Put sesame oil in at the end. This is a simple tip to make it taste better.
6. Finally, serve it with a fried egg.

I was happy because my brother enjoyed the meal.

우리말로
읽어보세요!

Expressions

- **go out** 외출하다
- **this evening** 오늘 저녁
- **decide** 결정하다
- **cook** 요리하다
- **recipe** 요리법
- **cut** 자르다
- **piece** 조각
- **turn on** 켜다
- **heat** 열을 가하다
- **stir-fry** 볶다
- **add** 추가하다
- **put in** 넣다
- **sesame oil** 참기름
- **at the end** 마지막으로
- **simple** 간단한
- **tip** 팁, 비법
- **taste** 맛이 나다
- **serve** 음식을 차려 내다
- **meal** 식사

김치볶음밥 요리법

우리 부모님이 오늘 저녁 외출하셨다. 그래서 나는 김치볶음밥을 만들기로 결정했다. 이 음식은 요리하기 쉽다. 자, 여기 요리법이 있다. 1. 김치와 햄을 작게 썰어라. 2. 가스레인지를 켜고 냄비에 열을 가해라. 3. 그리고 나서 식용유를 넣고 김치와 햄을 몇 분 동안 볶아라. 4. 그 다음에, 밥을 넣고 조금 더 요리해라. 5. 참기름을 마지막에 넣어라. 이것은 풍미를 더 좋게 만드는 간단한 비법이다. 6. 마지막으로, 달걀 프라이와 함께 차려내라. 나는 남동생이 맛있게 식사를 해서 행복했다.

괄호 안에 있는 단어를 사용해서 오늘 배운 문장을 다시 써 보세요.
잘 기억이 나지 않으면 앞으로 돌아가 따라 써 보세요.

① 나는 김치볶음밥을 만들기로 결정했다. (make *kimchi* fried rice)

_____

_____

② 자, 여기 요리법이 있다. (the recipe)

_____

_____

③ 김치와 햄을 작게 썰어라. (cut, into small pieces)

_____

_____

④ 식용유를 넣고 김치와 햄을 볶아라. (stir-fry, with cooking oil)

_____

_____

⑤ 밥을 넣고 조금 더 요리해라. (add, cook)

_____

_____

⑥ 참기름을 마지막에 넣어라. (sesame oil, at the end)

_____

_____

GRAMMAR TIP

명령문 (~해라)

'~ 해라'와 같이 상대방에게 어떤 행동을 지시하거나 명령하는 문장을 명령문이라고 합니다. 명령문에서는 주어를 빼고, 바로 동사원형으로 시작해요. 문장의 맨 앞이나 뒤에 please를 붙이면 좀 더 공손한 표현이 된답니다. 또한, '~하지 말아라'와 같이 부정 명령문을 나타낼 때는 「Don't / Do not + 동사원형~」의 형태로 표현합니다.

Keep your promise. 너 약속 꼭 지켜.

Don't close the door, please. 문 좀 닫지 말아주세요.

빈칸에 알맞은 말을 써서 문장을 완성하세요.

① _____ make any noise.   시끄럽게 하지 말아라.

② _____ your room, please.   방을 청소해 주세요.

MORE EXPRESSIONS

요리에 대한 표현을 더 배워봐요.

boil the water
물을 끓이다

bake bread
빵을 굽다

beat eggs and milk
달걀과 우유를 휘젓다

grill the meat
고기를 그릴에 굽다

mix flour with water
밀가루와 물을 섞다

heat the soup
국을 데우다

69

UNIT 15

받고 싶은 생일 선물

 생각해봐요!

· 받고 싶은 생일 선물을 떠올려 보세요.
· 그 선물의 장단점은 무엇인가요?

A Smartphone
스마트폰

 **좋은 점**

- **play mobile games**
  모바일 게임을 한다
- **take pictures** 사진을 찍는다
- **contact my cousins living abroad**
  해외에 사는 사촌들에게 연락한다

 **나쁜 점**

- **My eyesight would get worse.** 시력이 안 좋아질 것이다.
- **My grades would go down.** 성적이 떨어질 것이다.

 **결심**

- **want to have one** 한 대 갖고 싶다
- **use it for only 30 minutes a day**
  하루에 딱 30분만 사용한다

● 위에 나온 표현을 활용하여 문장을 완성해 보세요.

① I would _____ mobile games with my friends.
나는 친구들과 모바일 게임을 할 것이다.

② I could _____ my cousins living abroad.
나는 해외에 사는 사촌들에게 연락할 수 있을 것이다.

③ My school _____ would go down. 내 학교 성적이 나빠질 것이다.

The Gift I Want for My Birthday

I want to get a smartphone.

If I had one, I would play mobile games with my friends and take pictures of them.

I could contact my cousins living abroad.

On the other hand, my eyesight would get worse.

If I used my smartphone all day, my school grades would go down.

Nevertheless, I would like to have one.

I will use it for only 30 minutes a day.

I am looking forward to my birthday!

Expressions

· get 사다
· smartphone
  스마트폰
· mobile game
  모바일 게임
· take a picture
  사진을 찍다
· contact 연락하다
· cousin 사촌
· abroad 해외에
· on the other
  hand 반면에
· eyesight 시력
· get worse
  더 안 좋아지다
· all day 하루 종일
· go down 나빠지다
· nevertheless
  그럼에도 불구하고
· look forward to
  ~을 고대하다

우리말로
읽어보세요!

받고 싶은 생일 선물

나는 스마트폰을 받고 싶다. 스마트폰이 있다면 나는 친구들과 모바일 게임도 하고 사진도 찍을 것이다. 해외에 사는 사촌들에게 연락할 수도 있을 것이다. 반면에, 내 시력은 더 나빠질 것이다. 만일 내가 종일 스마트폰을 사용하면 학교 성적이 나빠질 것이다. 그럼에도 불구하고 한 대 갖고 싶다. 나는 하루에 딱 30분만 스마트폰을 사용할 것이다. 내 생일이 정말 기다려진다!

오늘 일기 다시 써 보기

괄호 안에 있는 단어를 사용해서 오늘 배운 문장을 다시 써 보세요.
잘 기억이 나지 않으면 앞으로 돌아가 따라 써 보세요.

① 나는 스마트폰을 받고 싶다. (get a smartphone)

_____

_____

② 나는 친구들 사진을 찍을 것이다. (take pictures of)

_____

_____

③ 나는 해외에 사는 사촌들에게 연락할 수 있을 것이다. (contact, living abroad)

_____

_____

④ 내 시력은 더 나빠질 것이다. (my eyesight, get worse)

_____

_____

⑤ 나는 하루에 딱 30분만 그것을 사용할 것이다. (30 minutes a day)

_____

_____

⑥ 내 생일이 정말 기다려진다! (looking forward to)

_____

_____

 **GRAMMAR TIP**

부정대명사 one

오늘 일기에서 '나도 하나 갖고 싶다'라고 할 때 I would like to have one이라고 했어요. 여기에서 one은 앞서 언급한 a smartphone을 가리키는데요. 이처럼 one은 앞에 나온 명사의 반복을 피하기 위해 쓰는데, 구체적으로 정하지 않은 대상을 가리킵니다. 단수일 때는 one, 복수일 때는 ones로 표현합니다.

I left my eraser on the desk. I should buy a new one.
나는 책상에 지우개를 두고 왔다. 그래서 나는 새 지우개를 한 개 사야 한다.

- -

빈칸에 알맞은 말을 써서 문장을 완성하세요.

① I don't have any pens. So I will buy a new _____.
나는 펜이 하나도 없다. 그래서 새 펜을 한 자루 살 것이다.

② My shoes are very old. I'm going to buy new _____.
내 신발은 매우 낡았다. 나는 새 것을 하나 살 것이다.

 **MORE EXPRESSIONS**   생일에 받고 싶은 선물에 대한 표현을 더 배워봐요.

☐ I want to have a pet dog.   나는 반려견을 키우고 싶다.

☐ My dog will be so cute.   우리 강아지는 정말 귀여울 것이다.

☐ I want to get blocks for my birthday.   나는 생일에 블록을 받고 싶다.

☐ Playing with blocks makes me creative.   블록 놀이는 나를 창의적으로 만들어준다.

☐ I want to get a bike for my birthday.   내 생일에 나는 자전거를 받고 싶다.

☐ I can feel free when I ride a bike.   자전거를 타면 나는 자유를 느낄 수 있다.

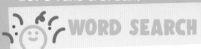
⟨Cooking Verbs and Taste Word⟩

요리할 때 쓰이는 동사와 맛을 나타내는 단어를 찾아
동그라미 해보고 한 번씩 써보세요.

salty   hot   sour   sweet

```
M I X K X U V P X N
O R F Y T G M R T B
C F Y Q W H M J E F
F Z V P Q Q O A E Z
Y R U O S B O T W S
D Y R F R I T S S A
U J U E Z X P O I L
M T L U P A C Q I T
D U P F S U P T N Y
Y C I P S L P T M F
```

s ___   c ___   m ___   s ___

→ 정답은 204쪽에

〈신체 부위와 관련된 재미있는 표현〉

영어에는 신체 부위가 들어간 관용 표현들이 있어요. 문장 그대로의 해석과는 다른, 뜻밖의 의미를 가지고 있어 더 재미있답니다. 사진과 함께 비교해 보면서 어떤 뜻을 나타내는지 생각해 보세요.

I'll keep my fingers crossed!
행운을 빌게.

양손의 검지와 중지를 겹치는 이 몸동작은 '행운을 빌어!'라는 뜻이에요. 영어에서는 'Good luck!'과 같은 의미로 이 동작을 직접 보여주기도 하고 말로 하기도 해요.

I got cold feet.
갑자기 초조해.

계획하고 준비했던 일이었는데 발표를 앞두고 갑자기 겁이 나거나 긴장될 때 이렇게 표현해요.
너무 긴장하면 몸이 언 것처럼 움직이지 않는다고 것과 비슷한 상황이에요.

I'm all ears.
잘 듣고 있어.

직역하면 '내가 이 세상에 있는 모든 귀야'가 되지요. 즉, 완전히 상대방의 이야기에 집중하고 있다는 것을 표현합니다.

I see eye to eye with my dad.
나는 아빠랑 의견이 똑같아.

'눈과 눈을 맞대고 바라보다.'라는 의미로 둘 이상의 사람들이 생각이나 의견이 같을 때 쓸 수 있는 표현이에요. '너의 의견에 동의해'라고 하려면 'I see eye to eye with you.'라고 쓰면 됩니다.

UNIT 16 새해 계획 세우기

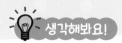

생각해봐요!
· 올해 꼭 하고 싶은 일은 무엇인가요?
· 그 일을 하고 싶은 이유는 무엇인가요?

My New Year's Resolutions

나의 새해 결심

결심 ❶

clean my room and make my bed

방을 깨끗이 치우고 침대를 정돈한다

⬇

help my mom

엄마를 돕는다

결심 ❷

use my smart-phone less

스마트폰을 덜 사용한다

⬇

read more books

책을 더 많이 읽는다

결심 ❸

exercise

운동한다

⬇

stay healthy

건강을 유지한다

● 위에 나온 표현을 활용하여 문장을 완성해 보세요.

① I will ＿＿＿＿＿＿ my room and make my bed every day.

나는 매일 내 방을 청소하고 침대를 정돈할 것이다.

② I will ＿＿＿＿＿＿ more ＿＿＿＿＿＿. 나는 책을 더 많이 읽을 것이다.

③ It will help me to stay ＿＿＿＿＿＿. 그것은 내가 건강을 유지하도록 도와줄 것이다.

76

My New Year's Resolutions

I think of things I can do this year.

First of all, I will clean my room and

make my bed every day.

It is hard for my mom to clean all the rooms by

herself. From now on, I will help my mom.

Plus, I will use my smartphone less than before.

I am too tired from texting my friends late at night.

Instead of using my phone, I will read more books.

Last, I plan to exercise.

It will help me to stay healthy.

I believe that I can do it.

Go! Go! Go!

우리말로
읽어보세요!

Expressions

- **think of** ~을 생각하다
- **clean** 청소하다
- **make one's bed**
  침대를 정돈하다
- **by oneself** 혼자
- **from now on**
  지금부터
- **too** 너무
- **text** 문자를 보내다
- **instead of** ~대신에
- **plan** 계획하다
- **stay healthy**
  건강을 유지하다
- **believe** 믿다

나의 새해 결심

나는 올해 할 수 있는 일을 몇 가지 생각해 본다. 우선, 나는 매일 내 방을 청소하고 침대를 정돈할 것이다. 엄마 혼자서 모든 방을 청소하는 건 힘든 일이다. 지금부터 내가 엄마를 도와드릴 것이다. 그리고, 나는 전보다 스마트폰을 덜 사용할 것이다. 밤 늦게까지 친구들에게 문자 보내느라 너무나 피곤하다. 나는 전화기를 사용하는 대신에 책을 더 많이 읽을 것이다. 마지막으로, 나는 운동을 할 계획이다. 운동은 내가 건강을 유지하도록 도와줄 것이다. 나는 내가 할 수 있다고 믿는다. 아자! 아자! 아자!

오늘 일기 다시 써 보기

괄호 안에 있는 단어를 사용해서 오늘 배운 문장을 다시 써 보세요.
잘 기억이 나지 않으면 앞으로 돌아가 따라 써 보세요.

1. 나는 올해 할 수 있는 일을 몇 가지 생각해 본다. (think of, can do)

2. 우선, 나는 매일 내 방을 청소할 것이다. (first of all, clean my room)

3. 지금부터 내가 엄마를 도와 드릴 것이다. (from now on, help)

4. 나는 전보다 스마트폰을 덜 사용할 것이다. (use my smartphone, less than)

5. 책을 더 많이 읽을 것이다. (read, books)

6. 마지막으로, 나는 운동을 할 계획이다. (plan to exercise)

to부정사의 의미상의 주어

오늘 일기에는 It is hard for my mom to clean ~.이라는 문장이 나옵니다. 여기에서 my mom은 청소를 하는 행위(to clean)의 실제 주체입니다. 이처럼 to부정사의 의미상의 주어가 필요할 때가 있는데요. 이 때는 「for + 목적격」의 형태로 to부정사의 앞에 씁니다.

It is hard **for me** to believe the news. 나는 그 소식을 믿기 어렵다.
This box is too big **for you** to carry. 이 가방은 네가 들기에는 너무 크다.

빈칸에 알맞은 말을 써서 문장을 완성하세요.

① This problem is difficult _____ to solve. (you)
이 문제는 네가 풀기 어렵다.

② The shirt is too small _____ to wear. (Dad)
그 셔츠는 아빠가 입기에는 너무 작다.

새해 결심과 관련된 표현을 더 배워봐요.

- ☐ I will eat fewer snacks. 나는 간식을 덜 먹을 것이다.

- ☐ I will read a new book each day. 나는 날마다 새로운 책을 한 권씩 읽을 것이다.

- ☐ I will run for school president. 나는 학생회장 선거에 나갈 것이다.

- ☐ I will wake up early in the morning. 나는 아침 일찍 일어날 것이다.

- ☐ I won't tease my little brother. 나는 남동생을 괴롭히지 않을 것이다.

- ☐ I won't talk back to my parents. 나는 부모님께 말대꾸하지 않을 것이다.

UNIT 17 겨울 방학 계획

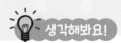 생각해봐요!

· 겨울 방학 때 하고 싶은 일은 무엇인가요?
· 그 일을 하고 싶은 이유는 무엇인가요?

My Winter Vacation Plans

나의 겨울 방학 계획

❷ go to bed late
늦게 잔다

read comics until late
늦게까지 만화책을 읽는다

❶ lose weight
살을 뺀다

❸ learn how to ski
스키 타는 법을 배운다

surprise my friends
친구들을 놀라게 한다

ski down the slopes
스키를 타고 경사지를 내려온다

● 위에 나온 표현을 활용하여 문장을 완성해 보세요.

① I will _____ weight. 나는 살을 뺄 것이다.

② I want to go to bed _____ every night. 나는 매일 밤 늦게 자고 싶다.

③ I will learn how to _____. 나는 스키 타는 법을 배울 것이다.

My Winter Vacation Plans

Winter vacation is starting next week.

I thought about several things to do during vacation.

First, I will lose weight.

These days, I am gaining weight.

My friends will be surprised to see me slim.

Next, I want to go to bed late every night.

I will read comics until late at night.

Lastly, I will learn how to ski.

Skiing down the slopes will be very cool.

I can't wait!

우리말로
읽어보세요!

나의 겨울 방학 계획

겨울 방학이 다음 주부터 시작된다. 나는 방학 동안에 할 일에 대해 몇 가지 생각해 봤다. 첫째, 나는 살을 뺄 것이다. 요새 나는 살이 찌고 있다. 내 친구들이 나의 날씬한 모습을 보면 깜짝 놀라겠지. 다음으로, 나는 매일 밤 늦게 자고 싶다. 나는 밤늦게까지 만화책을 읽을 것이다. 마지막으로, 나는 스키 타는 법을 배울 것이다. 스키를 타고 경사지를 내려가는 것은 정말 멋질 것이다. 정말 기다려진다!

오늘 일기 다시 써 보기

괄호 안에 있는 단어를 사용해서 오늘 배운 문장을 다시 써 보세요.
잘 기억이 나지 않으면 앞으로 돌아가 따라 써 보세요.

① 겨울 방학이 다음 주부터 시작된다. (starting next week)

② 첫째, 나는 살을 뺄 것이다. (lose weight)

③ 나는 매일 밤 늦게 자고 싶다. (go to bed late)

④ 나는 밤늦게까지 만화책을 읽을 것이다. (comics, until late at night)

⑤ 마지막으로, 나는 스키 타는 법을 배울 것이다. (how to ski)

⑥ 스키를 타고 경사지를 내려가는 것은 정말 멋질 것이다. (ski down the slopes)

방법을 나타내는 말 how to

오늘 일기에서 how to ski는 '스키를 타는 방법'이라는 뜻이에요. 이처럼, 「how to + 동사원형」을 쓰면 '~하는 방법'이라는 뜻으로, 문장에서 목적어로 쓰이는 경우가 많아요.

Do you know **how to use** this computer? 당신은 이 컴퓨터 사용하는 방법 알아요?
She taught me **how to get** there. 그녀는 내게 거기에 가는 방법을 알려주었다.

빈칸에 알맞은 말을 써서 문장을 완성하세요.

① I want to know how to _____ spaghetti.
나는 스파게티 요리법을 알고 싶다.

② She will learn _____ to play the violin.
그녀는 바이올린 연주하는 법을 배울 것이다.

☐ I will travel abroad.   난 해외여행을 갈 것이다.

☐ I will read many books.   난 책을 많이 읽을 것이다.

☐ I will visit my grandparents' house.   난 할아버지 할머니 댁에 방문할 것이다.

☐ I will write a letter to my friends.   난 친구들에게 편지를 쓸 것이다.

☐ I will visit some museums.   난 박물관을 몇 군데 방문할 것이다.

☐ I will write in my diary every day.   난 매일 일기를 쓸 것이다.

UNIT 18 어버이날 하고 싶은 일

Parents' Day Activities
어버이날 할 일

write a thank-you letter
감사 편지를 쓴다

a poem
시

give my parents a massage
부모님을 안마해 드린다

feel relaxed
편안함을 느끼다

make breakfast
아침밥을 차려드린다

pancakes
팬케이크

● 위에 나온 표현을 활용하여 문장을 완성해 보세요.

① I will write a thank-you _____ to my parents.
나는 부모님께 감사 편지를 쓸 것이다.

② They might feel _____.　그분들은 편안해 하실 것이다.

③ I want to _____ breakfast for them.　나는 그분들께 아침밥을 차려드리고 싶다.

84

Parents' Day

Today is Parents' Day.

There are three things I want to do for my parents.

I will write a thank-you letter to them.

It might be a poem about them.

Next, I will give my parents a massage.

They might feel relaxed.

Lastly, I want to make breakfast for them.

I learned how to make pancakes a few days ago.

I will make heart shaped ones for them.

I'm happy to think about these things.

우리말로
읽어보세요!

어버이날

오늘은 어버이날이다. 부모님을 위해서 내가 하고 싶은 일이 세 가지 있다. 나는 부모님께 감사 편지를 쓸 것이다. 그 편지는 부모님에 대한 시가 될 것이다. 다음에, 부모님께 안마해 드릴 것이다. 두 분은 편안해 하실 것이다. 마지막으로, 부모님께 아침밥을 차려드리고 싶다. 나는 며칠 전에 팬케이크 만드는 법을 배웠다. 나는 부모님을 위해 하트 모양의 팬케이크를 만들 것이다. 이 일들을 생각하니 행복하다.

**오늘 일기
다시 써 보기**

괄호 안에 있는 단어를 사용해서 오늘 배운 문장을 다시 써 보세요.
잘 기억이 나지 않으면 앞으로 돌아가 따라 써 보세요.

① 오늘은 어버이날이다. (Parents' Day)

② 나는 그분들께 감사 편지를 쓸 것이다. (a thank-you letter)

③ 그것은 그분들에 대한 시가 될 것이다. (might, a poem)

④ 나는 부모님을 안마해 드릴 것이다. (give, a massage)

⑤ 나는 팬케이크 만드는 법을 배웠다. (how to, pancakes)

⑥ 이 일들을 생각하니 나는 행복하다. (happy to, these things)

일반동사의 과거형 (~했다)

오늘 일기에서 팬케이크 만드는 법을 배웠던 과거의 일을 표현하기 위해 동사 learn의 과거형 learned를 썼어요. 이와 같이, 과거에 한 일을 표현할 때 쓰는 일반동사의 과거형은 보통 동사원형 뒤에 -ed를 붙여서 만듭니다.

cook→cook**ed**   rain→rain**ed**   play→play**ed**

하지만, 다음과 같은 예외도 있으니, 기억하세요!

drink→**drank**   eat→**ate**   forget→**forgot**
see→**saw**   sing→**sang**   wear→**wore**

- -

빈칸에 알맞은 말을 써서 문장을 완성하세요.

① My dad _____ some chicken.   아빠는 치킨을 요리하셨다.

② She _____ in a soft voice.   그녀는 부드러운 목소리로 노래했다.

☐ I will make flowers.   나는 꽃을 만들어 드릴 것이다.

☐ I will sing a Parents' Day song.   나는 어버이날 노래를 불러드릴 것이다.

☐ I will hug and kiss them.   나는 부모님을 껴안고 뽀뽀해 드릴 것이다.

☐ I will bake yummy cookies.   나는 맛있는 쿠키를 구워 드릴 것이다.

☐ I will draw pictures of them.   나는 부모님의 그림을 그려 드릴 것이다.

☐ I will make a video for them.   나는 부모님께 영상을 만들어 드릴 것이다.

✏ _____

✏ _____

UNIT 19

환경을 보호하는 방법

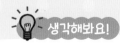 생각해봐요!

· 무엇이 환경을 파괴하는지 생각해 보세요.
· 환경을 보호하기 위해 할 수 있는 일에는 무엇이 있을까요?

won't turn on the water while brushing teeth
이를 닦는 동안에 물을 틀어 놓지 않을 것이다
⋮
save water
물을 아낀다

won't throw my trash on the ground
땅바닥에 쓰레기를 버리지 않을 것이다

won't use paper cups
종이컵을 사용하지 않을 것이다
⋮
save trees
나무를 구한다

For the Environment
환경을 위해

● 위에 나온 표현을 활용하여 문장을 완성해 보세요.

① I won't use _____. 나는 종이컵을 사용하지 않을 것이다.

② That will help _____. 그것은 물을 아끼는 데 도움이 될 것이다.

③ I won't throw my _____ on the ground.
나는 땅바닥에 쓰레기를 버리지 않을 것이다.

88

Let's Save the Earth!

We're living on the Earth.

However, nature is being destroyed by humans.

So I thought about several things I should do for the environment.

First of all, I won't use paper cups anymore.

We can save trees from being cut down.

Next, I won't turn on the water while brushing my teeth.

That will help save water.

Lastly, I won't throw my trash on the ground.

Actions speak louder than words.

I should do these actions right now.

우리말로
읽어보세요!

Expressions

- **Earth** 지구
- **nature** 자연
- **destroy** 파괴하다
- **human** 인간
- **environment** 환경
- **use** 사용하다
- **paper cup** 종이컵
- **anymore** 더

- **save** 보호하다
- **cut down** 베다
- **turn on** 켜다
- **brush one's teeth** 이를 닦다
- **throw trash** 쓰레기를 버리다
- **ground** 땅
- **right now** 당장

지구를 구하자!

우리는 지구에 살고 있다. 하지만 자연은 인간에 의해 파괴되고 있다. 그래서 내가 환경을 위해 해야하는 몇 가지 일에 대해 생각해 봤다. 우선, 나는 종이컵을 더는 사용하지 않을 것이다. 우리는 벌채로부터 나무를 구할 수 있다. 다음으로, 나는 이를 닦는 동안에 물을 틀어 놓지 않을 것이다. 그렇게 하면 물을 아끼는 데 도움이 될 것이다. 마지막으로, 나는 땅바닥에 쓰레기를 버리지 않을 것이다. 말보다 행동이 중요하다. 지금 당장 이러한 행동을 해야겠다.

오늘 일기
다시 써 보기

괄호 안에 있는 단어를 사용해서 오늘 배운 문장을 다시 써 보세요.
잘 기억이 나지 않으면 앞으로 돌아가 따라 써 보세요.

① 자연은 인간에 의해 파괴되고 있다. (being destroyed, humans)

_____

_____

② 나는 종이컵을 더는 사용하지 않을 것이다. (paper cups, anymore)

_____

_____

③ 우리는 벌채로부터 나무를 구할 수 있다. (save trees, cut down)

_____

_____

④ 그렇게 하면 물을 아끼는 데 도움이 될 것이다. (help save water)

_____

_____

⑤ 나는 땅바닥에 쓰레기를 버리지 않을 것이다. (throw my trash)

_____

_____

⑥ 나는 지금 당장 이러한 행동을 해야겠다. (these actions, right now)

_____

_____

현재 하고 있는 동작을 나타내는 현재진행형

오늘 일기에서 우리가 현재 지구에 살고 있다는 진행 상황을 표현하기 위해 동사 live(살다)를 are living(살고 있다)으로 바꾸어 썼어요. 이처럼, 현재 하고 있는 동작이나 진행 상황을 나타낼 때 「be 동사＋동사원형＋-ing」형태로 쓰며, 이것을 현재진행형이라고 합니다. be동사는 주어에 따라 am, is, are 중에서 골라 씁니다.

I **am using** my computer. 나는 컴퓨터를 사용하고 있다.
She **is reading** a book. 그녀는 책을 읽고 있다.

괄호 안에 있는 단어를 사용해서 문장을 완성하세요.

① He is _____ a new cell phone. (buy) 그는 휴대전화를 새로 사고 있다.

② My mom is _____ a letter. (write) 우리 엄마는 편지를 쓰고 계신다.

환경을 보호하는 방법에 대한 표현을 더 배워봐요.

I don't use
plastic bags.
나는 비닐봉지를 사용하지
않는다.

I turn off the lights
when I go out.
밖에 나갈 때 불을 끈다.

I plant
my own trees.
나는 나무를 직접 심는다.

I use both sides
of paper.
나는 종이의 양면을 모두 쓴다.

I don't waste
napkins.
나는 냅킨을 낭비하지 않는다.

91

UNIT 20 고치고 싶은 습관

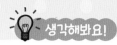 생각해봐요!

· 나의 나쁜 습관은 무엇인가요?
· 어떻게 하면 고칠 수 있을까요?

My Bad Habits
나의 나쁜 습관

 **Problems** 문제

get up late
늦게 일어난다

skip brushing my teeth
양치질을 건너뛰다

spend my allowance without plans
용돈을 계획 없이 쓴다

go to bed before 10
10시 전에 잔다

brush my teeth as soon as I eat
먹자마자 이를 닦는다

keep a money diary
용돈기입장을 쓴다

 **Solutions** 해결방법

● 위에 나온 표현을 활용하여 문장을 완성해 보세요.

① I usually get up _____ in the morning. 나는 보통 아침 늦게 일어난다.

② I used to _____ brushing my teeth. 나는 양치질을 거르곤 했다.

③ I will keep a _____. 나는 용돈기입장을 쓸 것이다.

92

I Will Break My Bad Habits.

I want to change my bad habits.

First of all, I usually get up late in the morning.

I often watch YouTube until late at night.

Starting today, I will go to bed before 10 p.m.

In addition, I used to skip brushing my teeth after meals.

I have many cavities. They really hurt.

I will brush my teeth as soon as I eat something.

And I spend my allowance without making any plans.

This month, I spent all my allowance in two days.

I will keep a money diary.

I would like to break my bad habits and develop good ones.

우리말로 읽어보세요!

Expressions

- **break one's bad habit** 나쁜 버릇을 고치다
- **change** 바꾸다
- **get up** 일어나다
- **in the morning** 아침에
- **late at night** 밤늦게
- **in addition** 게다가
- **skip** 건너뛰다
- **brush one's teeth** 이를 닦다
- **cavity** 충치
- **hurt** 아프다
- **spend** (돈을) 쓰다
- **allowance** 용돈
- **money diary** 용돈기입장
- **develop** 발전시키다

나쁜 습관을 고칠 거야.

나는 나쁜 습관을 바꾸고 싶다. 우선, 나는 보통 아침 늦게 일어난다. 나는 자주 밤늦게까지 유튜브를 본다. 오늘부터 나는 밤 10시 전에 자러 갈 것이다. 게다가 나는 밥을 먹고 나서 종종 양치질을 거르곤 했다. 나는 충치가 많아서 이가 너무 아프다. 이제 나는 먹자마자 바로 이를 닦을 것이다. 그리고 나는 계획 없이 용돈을 쓴다. 이번 달에는 이틀 만에 용돈을 다 썼다. 나는 용돈기입장을 쓸 것이다. 나는 나쁜 버릇은 고치고 좋은 습관을 들이고 싶다.

오늘 일기
다시 써 보기

괄호 안에 있는 단어를 사용해서 오늘 배운 문장을 다시 써 보세요.
잘 기억이 나지 않으면 앞으로 돌아가 따라 써 보세요.

① 나는 나쁜 습관을 바꾸고 싶다. (my bad habits)

② 나는 보통 아침 늦게 일어난다. (get up late)

③ 나는 자주 밤늦게까지 유튜브를 본다. (watch YouTube, late at night)

④ 나는 충치가 많다. (many cavities)

⑤ 나는 무언가를 먹자마자 바로 이를 닦을 것이다. (as soon as, eat)

⑥ 나는 용돈기입장을 쓸 것이다. (keep a money diary)

때를 나타내는 표현

오늘 일기에서 '아침에'는 in the morning이라고 했는데요. 이와 같이 전치사 in과 함께 써서 때를 나타내는 표현으로 in the afternoon(오후에), in the evening(저녁에) 등이 있습니다. 한편, 전치사 at을 활용하여 at night(밤에), at midnight(한밤중에), at noon(정오에) 등을 나타내기도 한답니다.

Dad often feels tired in the morning. 아빠는 아침에 자주 피로를 느끼신다.
Owls don't sleep at night. 올빼미는 밤에 자지 않는다.

빈칸에 알맞은 말을 써서 문장을 완성하세요.

① He'll call back later _____ the afternoon.
그가 오후에 다시 전화할 것이다.

② I always have lunch _____ noon. 나는 항상 정오에 점심을 먹는다.

나쁜 습관을 나타내는 표현을 더 배워봐요.

I bite my nails.
나는 손톱을 물어 뜯는다.

I play computer games too much.
난 컴퓨터 게임을 너무 많이 한다.

I often lose my belongings.
나는 소지품을 자주 잃어버린다.

I lie a lot.
나는 거짓말을 많이 한다.

I put off my homework.
나는 숙제를 미룬다.

영어를 공부하는 이유

· 왜 영어를 공부해야 할까요?
· 영어를 잘하면 어떤 점이 좋을까요?

Reasons to Study English

영어를 공부하는 이유

이유 1

**to communicate
with people
all over the world**
전 세계의 사람들과
의사소통하기 위해

이유 2

**to get
good grades**
좋은 성적을 얻기 위해

이유 3

**to write fan
letters in English**
영어로 팬레터를 쓰기 위해

결심

I will study English harder.
나는 영어 공부를 더 열심히 할 것이다.

● 위에 나온 표현을 활용하여 문장을 완성해 보세요.

① I can _____ with people all over the world.

나는 전 세계에 있는 사람들과 의사소통할 수 있다.

② I can _____ fan letters in English.   나는 영어로 팬레터를 쓸 수 있다.

③ I will _____ English harder.   나는 영어 공부를 더 열심히 할 것이다.

Why Do I Have to Study English?

Our teacher asked us why we should study English.

I thought of three reasons to do that.

First, I can communicate with people all over the world.

The reason is that English is the most spoken language in the world.

Second, you can get good grades if you are good at English.

English is a very important subject in Korean schools.

Last, I can write fan letters in English to my favorite movie star, Tom.

I will study English harder.

우리말로
읽어보세요!

왜 내가 영어를 공부해야 할까?

선생님은 우리에게 왜 영어를 공부해야 하는지 물어보셨다. 나는 그렇게 해야하는 세 가지 이유를 생각해 보았다. 우선, 전 세계에 있는 사람들과 의사소통할 수 있다. 그 이유는 영어가 세계에서 가장 많이 쓰이는 언어이기 때문이다. 두 번째, 만일 영어를 잘한다면 좋은 성적을 얻을 수 있다. 영어는 한국 학교에서 아주 중요한 과목이다. 마지막으로, 내가 가장 좋아하는 영화배우인 톰에게 영어로 팬레터를 쓸 수 있다. 나는 영어 공부를 더 열심히 할 것이다.

Expressions

- **ask** 질문하다
- **think of** ~에 대해 생각하다
- **reason** 이유
- **communicate** 의사소통하다
- **all over the world** 전 세계적으로
- **language** 언어
- **important** 중요한
- **subject** 과목
- **be good at** ~을 잘하다
- **grade** 점수
- **write** 쓰다
- **fan letter** 팬레터
- **movie star** 영화배우
- **harder** 더 열심히

괄호 안에 있는 단어를 사용해서 오늘 배운 문장을 다시 써 보세요.
잘 기억이 나지 않으면 앞으로 돌아가 따라 써 보세요.

① 왜 내가 영어를 공부해야 할까? (why, study)

_____

_____

_____

② 나는 그렇게 해야하는 세 가지 이유를 생각해 보았다. (reasons to do that)

_____

_____

_____

③ 전 세계에 있는 사람들과 의사소통할 수 있다. (communicate with, all over the world)

_____

_____

_____

④ 영어는 아주 중요한 과목이다. (a very important subject)

_____

_____

_____

⑤ 나는 영어로 팬레터를 쓸 수 있다. (write fan letters)

_____

_____

_____

⑥ 나는 영어 공부를 더 열심히 할 것이다. (study, harder)

_____

_____

_____

98

GRAMMAR TIP

수여동사의 3형식 문장 (~에게 …을 해 주다)

오늘 일기에서 '좋아하는 영화 배우에게 팬레터를 쓰다'를 write fan letters to my favorite movie star라고 했어요. 이처럼 '~을 …에게 해 주다'라고 할 때 목적어 뒤에 전치사 to를 씁니다. 이러한 동사로는 send(보내다), give(주다), write(쓰다), teach(가르치다), show(보여주다), tell(말하다), buy(사다), cook(요리하다) 등이 있습니다.

I **sent** a package to him. 나는 그에게 소포를 보냈다.
She **wrote** a letter to her parents. 그녀는 부모님께 편지를 썼다.

빈칸에 알맞은 말을 써서 문장을 완성하세요.

① I gave a book _____ him.　나는 그에게 책 한 권을 주었다.

② Please _____ a white dress to us.　우리에게 하얀색 드레스를 보여주세요.

MORE EXPRESSIONS

영어 공부에 대한 표현을 더 배워봐요.

memorize 20
words every day
매일 20개씩 단어를 외운다

keep an
English diary
영어 일기를 쓴다

read English
books a lot
영어 책을 많이 읽는다

learn from native
speakers
원어민한테 배운다

listen to
English news
영어 뉴스를 듣는다

반려동물 관찰일기 1

생각해봐요!

· 좋아하는 동물은 무엇인가요?
· 그 동물은 어떻게 의사소통하나요?

Cats' Special Language

고양이의 특별한 언어

몸짓 언어 1	몸짓 언어 2	몸짓 언어 3

roll over on their backs 등을 대고 구른다	**arch their backs** 등을 동그랗게 구부린다	**blink their eyes slowly** 눈을 천천히 깜빡인다
⬇	⬇	⬇
"I trust you." 당신을 믿어요.	**"I am scared."** 나는 무서워요.	**"I feel comfortable."** 나는 편안해요.

● 위에 나온 표현을 활용하여 문장을 완성해 보세요.

① They _____ on their backs. 그들은 등을 대고 구른다.

② Sometimes, they _____ their backs.
가끔은 그들이 등을 동그랗게 구부릴 때가 있다.

③ Cats _____ their eyes slowly. 고양이는 눈을 천천히 깜빡인다.

Cats' Special Language

I have three cats in my house.

Their names are Coco, Mint, and Berry.

Cats are very interesting.

They have a special language.

They use their bodies to communicate.

If they roll over on their backs, it means that they trust you.

Sometimes, they arch their backs.

It means that cats are scared.

Cats blink their eyes slowly since they feel comfortable.

I want to know more about them.

우리말로
읽어보세요!

Expressions

- **special** 특별한
- **language** 언어
- **interesting** 흥미로운
- **use** 사용하다
- **body** 신체
- **communicate** 대화하다
- **roll over on** ~에 대고 구르다
- **back** 등
- **mean** 의미하다
- **trust** 믿다
- **arch** 동그랗게 구부리다
- **blink one's eyes** 눈을 깜빡이다
- **comfortable** 편안한

고양이의 특별한 언어

우리 집에는 고양이가 세 마리 있다. 이름은 코코, 민트, 베리다. 고양이는 정말 흥미롭다. 고양이는 특별한 언어를 가지고 있다. 그들은 몸을 이용해 대화한다. 고양이가 등을 대고 구르고 있다면, 당신을 믿는다는 뜻이다. 가끔은 고양이가 등을 동그랗게 구부릴 때가 있다. 그러면 무서워하고 있다는 뜻이다. 눈을 천천히 깜빡인다면 고양이가 편안하게 느끼기 때문이다. 나는 고양이에 대해 더 많이 알고 싶다.

오늘 일기 다시 써 보기

괄호 안에 있는 단어를 사용해서 오늘 배운 문장을 다시 써 보세요.
잘 기억이 나지 않으면 앞으로 돌아가 따라 써 보세요.

① 우리 집에는 고양이가 세 마리 있다. (have, in my house)

_____

_____

② 그들은 특별한 언어를 가지고 있다. (a special language)

_____

_____

③ 그들은 몸을 써서 대화한다. (use their bodies, communicate)

_____

_____

④ 그들은 등을 대고 바닥을 구른다. (roll over on, backs)

_____

_____

⑤ 그것은 고양이가 무서워하고 있다는 뜻이다. (mean, scared)

_____

_____

⑥ 나는 그들에 대해 더 많이 알고 싶다. (know more)

_____

_____

to부정사(명사/부사 역할)

오늘 일기에서 to communicate와 to know는 동사원형 앞에 to를 붙인 to부정사로, 문장에서 각각 부사와 명사로 쓰였어요. 부사 역할을 할 때는 '~하기 위해서'라는 뜻으로 쓰이고, 명사 역할을 할 때는 '~하는 것'이라는 뜻이 됩니다.

Dogs use their bodies **to communicate** with us.
개는 우리와 의사소통하기 위해 몸을 사용한다. (부사 역할 : ~하기 위해서)

I want **to go** home. 나는 집에 가는 것을 원한다. (명사 역할 : ~하는 것)

괄호 안에 있는 단어를 사용해서 문장을 완성하세요.

① The cat wants _____ with me. (play)
그 고양이는 나와 놀고 싶어 한다.

② I use my phone _____ my friends. (text)
나는 친구들에게 문자를 보내기 위해 전화기를 사용한다.

반려동물에 대한 표현을 더 배워봐요.

☐ **There is a hamster in my house.**   우리 집에는 햄스터가 한 마리 있다.

☐ **Choco is a female/male cat.**   초코는 암컷/수컷 고양이다.

☐ **Zoey has a parrot.**   조이는 앵무새를 키운다.

☐ **My pet snake's name is Heart.**   우리 집 반려 뱀의 이름은 하트다.

☐ **My dog has been housebroken.**   우리 강아지는 배변 훈련을 받았다.

☐ **My dog chewed up my shoes.**   우리 강아지가 내 신발을 물어뜯었다.

🖉 _____

🖉 _____

UNIT 23 반려동물 관찰일기 2

생각해봐요!

· 키우고 있거나 키우고 싶은 동물이 있나요?
· 그 동물의 특징은 무엇인가요?

Snowball (5 years old)
스노볼(5살)

귀
long
기다란

눈
big and round
크고 둥근

털
white, soft, and clean
하얗고, 부드럽고 깨끗한

먹이
carrots, lettuce, and fruits
당근, 양상추, 과일

꼬리
like a fluffy ball

● 위에 나온 표현을 활용하여 문장을 완성해 보세요.

① _____ is Snowball. 그녀의 이름은 스노볼이다.

② Snowball has _____ ears and big, round _____.
스노볼은 귀가 길고, 크고 둥근 눈을 가지고 있다.

③ Her fur feels so _____ and clean. 그녀의 털은 매우 부드럽고 깨끗하다.

104

My Rabbit, Snowball

I have a pet rabbit!

Her name is Snowball, and she is 5 years old.

I like Snowball because she looks cute and fluffy.

Snowball has long ears and big, round eyes.

Her tail looks like a fluffy ball.

She has white fur.

Her fur feels so soft and is clean.

She likes to eat carrots, lettuce, and fruits like apples.

I want to buy a big white house for her.

Expressions

- **pet** 반려동물
- **rabbit** 토끼
- **look** ~처럼 보이다
- **cute** 귀여운
- **fluffy** 솜털의
- **tail** 꼬리
- **fur** 털
- **carrot** 당근
- **lettuce** 양상추

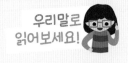
우리말로
읽어보세요!

나의 토끼, 스노볼

내게는 반려 토끼 한 마리가 있다! 토끼의 이름은 스노볼이고 5살이다. 스노볼이 귀엽게 생기고 털이 복슬복슬해서 나는 스노볼을 좋아한다. 스노볼은 귀가 길고, 크고 둥근 눈을 가지고 있다. 꼬리는 털이 복슬복슬한 공 같다. 털은 하얀색이다. 털이 매우 부드럽고 깨끗하다. 스노볼은 당근, 양상추, 사과 같은 과일을 먹는 걸 좋아한다. 나는 스노볼을 위해 커다란 하얀색 집을 사 주고 싶다.

오늘 일기 다시 써 보기

괄호 안에 있는 단어를 사용해서 오늘 배운 문장을 다시 써 보세요.
잘 기억이 나지 않으면 앞으로 돌아가 따라 써 보세요.

① 내게는 반려 토끼 한 마리가 있다! (a pet rabbit)

② 그녀의 이름은 스노볼이다. (her name)

③ 그녀는 귀엽게 생기고 털이 복슬복슬하다. (look, fluffy)

④ 스노볼은 귀가 길고, 크고 둥근 눈을 가지고 있다. (long, big, round)

⑤ 그녀는 털이 하얀색이다. (white fur)

⑥ 그녀의 꼬리는 털이 복슬복슬한 공 같다. (her tail, a fluffy ball)

106

품사에 따라 뜻이 바뀌는 like

She likes to eat carrots, lettuce, and fruits like apples. 이 문장에서 like가 두 번 쓰였는데요, 그 뜻과 역할이 다르답니다. likes to eat에서 likes는 '좋아하다'라는 뜻의 동사지만, like apples에서는 '~같은'을 의미하는 전치사예요. 이처럼, like는 문장에서 동사와 전치사로 쓰입니다.

I **like** strawberry ice cream the most. 나는 딸기 아이스크림을 가장 좋아한다.

She has blue eyes **like** her dad. 그녀는 아빠처럼 눈이 파랗다.

다음 문장을 읽고 밑줄친 단어의 의미를 써보세요.

① I <u>like</u> Jack because he is fun. ➡ -----------------------------------

② She dances <u>like</u> a butterfly. ➡ -----------------------------------

반려동물에 대한 표현을 더 배워봐요.

☐ A parrot's beak is curved. 앵무새의 부리는 구부려져 있다.

☐ It is very curious and intelligent. 호기심이 많고 똑똑하다.

☐ A hedgehog has excellent hearing. 고슴도치는 청력이 뛰어나다.

☐ It has spines. 몸에 가시가 있다.

☐ A hamster has a short tail and small ears. 햄스터는 꼬리가 짧고 귀가 작다.

☐ It likes to live alone. 그것은 혼자 사는 것을 좋아한다.

🖉 -----------------------------------

🖉 -----------------------------------

식물 관찰일기

생각해봐요!

· 좋아하는 식물은 무엇인가요?
· 그 식물의 특징은 무엇인가요?

Marimos 마리모

: simple plants such as seaweed
해초처럼 단순한 식물

모양 및 색깔

• **no real leaves, stems, or roots** 잎, 줄기, 뿌리가 없음
• **round** 동그란
• **green** 초록색

촉감

• **smooth** 부드러운
• **spongy** 스펀지 같은

키우는 법

• **need no food** 먹이가 필요없다
• **keep the water tank clean** 수조를 깨끗하게 유지한다

● 위에 나온 표현을 활용하여 문장을 완성해 보세요.

① Marimos are very ＿＿＿＿＿＿＿＿＿ such as seaweed.
마리모는 해초처럼 아주 단순한 식물이다.

② They look ＿＿＿＿ and are ＿＿＿＿. 그것들은 동그란 모양에 초록색이다.

③ You don't need to give marimos ＿＿＿＿. 마리모에게는 먹이를 줄 필요가 없다.

About Marimos

I learned about marimos, or moss balls, on Facebook.

Marimos are very simple plants such as seaweed.

They grow on the floors of lakes.

They have no real leaves, stems, or roots.

They look round and are green.

They are smooth and spongy.

It is easy to grow marimos.

You don't need to give marimos food.

You just keep the water tank clean.

There's an interesting story about marimos.

It is said that if a marimo floats on the water,

something good will happen.

우리말로
읽어보세요!

Expressions

- **simple** 단순한
- **plant** 식물
- **seaweed** 해초
- **real** 진짜의
- **leaf** 잎사귀
- **stem** 줄기
- **root** 뿌리
- **grow** 자라다, 키우다
- **floor** 바닥
- **lake** 호수
- **round** 둥근
- **smooth** 부드러운
- **spongy** 스펀지 같은
- **easy** 쉬운
- **water tank** 수조
- **float** 떠 있다

마리모에 대해

나는 마리모 혹은 모스볼에 대해 페이스북에서 알게 되었다. 마리모는 해초처럼 아주 단순한 식물이다. 그들은 호수 바닥에서 자란다. 마리모는 진짜 잎사귀도, 줄기도, 뿌리도 없다. 그들은 동그란 모양에 초록색이다. 부드럽고 스펀지 같은 촉감이다. 마리모를 키우는 것은 쉽다. 먹이를 줄 필요도 없다. 그냥 수조를 깨끗하게 유지하기만 하면 된다. 마리모에 대한 흥미로운 이야기가 하나 있다. 마리모가 물 위로 떠오르면 뭔가 좋은 일이 생긴다고 한다.

괄호 안에 있는 단어를 사용해서 오늘 배운 문장을 다시 써 보세요.
잘 기억이 나지 않으면 앞으로 돌아가 따라 써 보세요.

① 마리모는 아주 단순한 식물이다. (marimos, simple plants)

② 그들은 호수 바닥에서 자란다. (on the floors of lakes)

③ 그들은 진짜 잎사귀도, 줄기도, 뿌리도 없다. (no real leaves, stems, or roots)

④ 그들은 동그란 모양에 초록색이다. (look round)

⑤ 마리모를 키우는 것은 쉽다. (easy to grow)

⑥ 그냥 수조를 깨끗하게 유지하기만 하면 된다. (keep the water tank clean)

선택할 때 쓰는 접속사 or

오늘 일기에서 or는 '또는', '아니면' 이라는 의미로, 선택할 때 쓰는 말이에요. 세 개를 연결할 때는 마지막 항목 앞에만 or를 씁니다.

I will drink juice **or** milk. 나는 주스나 우유를 마실 것이다.

Will you go to the library **or** stay home? 도서관 갈래 아니면 집에 있을래?

It can be red, blue, **or** yellow. 그것은 빨강, 파랑 혹은 노랑색일 수 있다.

문장을 읽고 알맞은 말에 동그라미 해보세요.

① Do you want to drink juice (and / or) milk?　주스 마실래 아니면 우유 마실래?

② You can read books (or / but) draw pictures here.
너는 여기에서 책을 읽거나 그림을 그릴 수 있다.

좋아하는 식물에 대한 표현을 더 배워봐요.

☐ **A cactus doesn't have leaves.**　선인장은 잎이 없다.

☐ **It looks like a spiky ball.**　그것은 뾰족뾰족한 공처럼 보인다.

☐ **Sunflowers look like the sun.**　해바라기는 해처럼 생겼다.

☐ **To grow well, sunflowers need sunlight.**
해바라기가 잘 자라기 위해서는 햇빛이 필요하다.

☐ **The leaves of the Venus flytrap open wide.**
파리지옥풀의 잎은 활짝 열려있다.

☐ **It can get energy from insects.**　그것은 곤충에서 에너지를 얻을 수 있다.

UNIT 25 가고 싶은 여행지

생각해봐요!

· 가장 가고 싶은 나라는 어디인가요?
· 그곳의 관광 명소는 어디인가요?

가고 싶은 여행지	India / The Taj Mahal 인도, 타지마할
건물의 용도	**a tomb** 묘지
위치	**Agra** 아그라
건축한 사람	**The king, Shah Jahan, built it for the queen.** 샤 자한 왕이 여왕을 위해 건축했다.
건축 기간	**22 years** 22년
동원된 인원	**20,000 people** 2만 명
유명한 이유	**its beautiful night view** 아름다운 야경

● 위에 나온 표현을 활용하여 문장을 완성해 보세요.

① The Taj Mahal is actually a ＿＿＿＿＿＿＿. 　사실, 타지마할은 묘지다.

② The king ＿＿＿＿＿＿＿ it for the queen. 　왕은 여왕을 위해 그것을 지었다.

③ It ＿＿＿＿＿＿＿ 22 years to build the tomb.
그 묘지를 짓는 데 22년이 걸렸다.

112

I Want to Visit the Taj Mahal.

I would like to go to India.

I am interested in the Taj Mahal, so I want to see it in person.

The Taj Mahal is actually a tomb, not a palace.

It is located in Agra. The Yamuna River is behind the Taj Mahal.

After his beloved wife died, the king, Shah Jahan, built it for the queen.

20,000 people worked day and night to build the Taj Mahal. It took 22 years to build the tomb.

I heard the Taj Mahal in the moonlight is beautiful.

I want to see the night view of the beautiful architecture.

우리말로
읽어보세요!

Expressions

- **would like to** ~하고 싶다
- **be interested in** ~에 관심이 있다
- **in person** 직접
- **actually** 사실
- **tomb** 묘지
- **palace** 궁전
- **be located** 위치해 있다
- **behind** ~에 뒤에
- **beloved** 사랑하는
- **build** 짓다
- **day and night** 밤낮으로
- **take** (시간)이 걸리다
- **moonlight** 달빛
- **night view** 야경
- **architecture** 건축물

타지마할에 가 보고 싶어.

나는 인도에 가 보고 싶다. 나는 타지마할에 관심이 있어서 직접 타지마할을 보고 싶다. 사실, 타지마할은 궁전이 아니라 묘지다. 그것은 아그라에 위치하고 있다. 야무나 강이 타지마할 뒤에 있다. 샤 자한 왕은 사랑하는 부인이 죽은 후에 왕비를 위해서 타지마할을 지었다. 2만명의 사람들이 타지마할을 짓기 위해 밤낮으로 일했다. 그 묘지를 짓는 데 22년이 걸렸다. 달빛에 비치는 타지마할이 아름답다고 들었다. 나는 그 아름다운 건축물의 야경을 보고 싶다.

괄호 안에 있는 단어를 사용해서 오늘 배운 문장을 다시 써 보세요.
잘 기억이 나지 않으면 앞으로 돌아가 따라 써 보세요.

① 나는 인도에 가 보고 싶다. (would like to, India)

_____

_____

② 나는 타지마할에 관심이 있다. (interested in the Taj Mahal)

_____

_____

③ 그것은 아그라에 위치하고 있다. (located in Agra)

_____

_____

④ 사람들이 그것을 짓기 위해 밤낮으로 일했다. (day and night, to build)

_____

_____

⑤ 그 묘지를 짓는 데 22년이 걸렸다. (take, to build the tomb)

_____

_____

⑥ 달빛에 비치는 타지마할이 아름답다. (in the moonlight)

_____

_____

산, 강, 건물 이름 앞에 붙는 정관사 the

가고 싶은 여행지에 대해서 이야기하는 오늘 일기에서는 the Taj Mahal, the Yamuna River와 같은 표현이 나왔어요. 이처럼 영어에서는 산, 강, 바다, 탑, 건물 등의 이름 앞에 the를 붙여서 쓴답니다.

The Han River runs through Seoul. 한강은 서울을 가로질러 흐른다.

The Eiffel Tower is a symbol of Paris. 에펠탑은 파리의 상징이다.

빈칸에 알맞은 말을 써서 문장을 완성하세요.

① _____ Nile River is located in Egypt. 나일강은 이집트에 위치해 있다.

② I want to visit _____ British Museum.
나는 대영박물관에 가 보고 싶다.

MORE EXPRESSIONS 해외 여행에 대한 표현을 더 배워봐요.

try some delicious food
맛있는 음식을 맛본다

learn about Ancient Rome
고대 로마에
대해 배운다

go to the Dubai aquarium
두바이 수족관에 간다

see the desert
사막을 본다

climb the steps of the Eiffel Tower
에펠탑 계단을 올라간다

see the *Mona Lisa* in the Louvre Museum 루브르 박물관에서
모나리자 그림을 본다

곤충 조사문

생각해봐요!

· 곤충을 관찰해 본 적이 있나요?
· 그 곤충의 특징은 무엇인가요?

Honeybees:
useful insects
꿀벌: 유익한 곤충

사는 곳
hives 벌집

종류
· **the queen** 여왕벌
· **workers** 일벌
· **drones** 수벌

유익한 이유
· **help flowers, fruits, and vegetables grow**
꽃, 과일, 야채가 자라는 것을 돕는다
· **make plants bear fruit**
식물이 열매를 맺게 한다

· **people get food**
사람들이 식량을 얻는다

● 위에 나온 표현을 활용하여 문장을 완성해 보세요.

① Honeybees live in ＿＿＿＿＿＿＿.   꿀벌은 벌집에 산다.

② Workers ＿＿＿＿＿＿ pollen and nectar in the spring.
일벌은 봄에 꽃가루와 꿀을 모은다.

③ They ＿＿＿＿＿ flowers, fruits, and vegetables ＿＿＿＿＿!
그들은 꽃, 과일, 야채가 자랄 수 있게 도와준다!

Honeybees: Useful Insects

I learned how honeybees make honey.

Honeybees live in hives.

There are three types of bees in their hives:

the queen, workers, and drones.

Honeybees collect pollen and nectar in the spring

when flowers and plants blossom.

They continuously fly to flowers to collect nectar.

They have to work very hard.

They help flowers, fruits, and vegetables grow!

Honeybees make plants bear fruit, and we get food

from them.

우리말로
읽어보세요!

Expressions

- honeybee 꿀벌
- useful 유익한
- insect 곤충
- make 만들다
- hive 벌집
- queen 여왕벌
- worker 일벌
- drone 수벌

- collect 모으다
- pollen 꽃가루
- nectar (꽃의) 꿀
- blossom 피다
- continuously
  계속해서
- fly 날다
- bear fruit 열매를 맺다

꿀벌: 유익한 곤충

나는 꿀벌이 꿀을 만드는 방법을 배웠다. 꿀벌은 유익한 곤충이다. 꿀벌은 벌집에 산다. 벌집에는 여왕벌, 일벌, 수벌 이렇게 3가지 종류의 벌이 있다. 꿀벌은 봄에 꽃과 식물이 필 때 꽃가루와 꿀을 모은다. 그들은 꿀을 모으기 위해 계속해서 꽃을 향해 날아간다. 벌은 아주 열심히 일해야만 한다. 그들은 꽃, 과일, 채소가 자랄 수 있게 도와준다! 꿀벌은 식물이 열매를 맺게 하고 우리는 그로부터 식량을 얻는다.

오늘 일기 다시 써 보기 괄호 안에 있는 단어를 사용해서 오늘 배운 문장을 다시 써 보세요.
잘 기억이 나지 않으면 앞으로 돌아가 따라 써 보세요.

① 나는 꿀벌이 꿀을 만드는 방법을 배웠다. (how, make honey)

② 꿀벌은 벌집에 산다. (in hives)

③ 꿀벌은 꽃가루와 꿀을 모은다. (collect pollen and nectar)

④ 그들은 꿀을 모으기 위해 계속해서 꽃을 향해 날아간다. (continuously, fly)

⑤ 그들은 아주 열심히 일해야만 한다. (have to work)

⑥ 그들은 꽃, 과일, 채소가 자랄 수 있게 도와준다! (help, grow)

118

반드시 해야할 일을 나타내는 have to

매우 열심히 일해야만 한다는 표현을 have to work very hard라고 썼어요. 여기에서 「have to+동사원형」은 '~을 해야 한다'를 의미합니다. 같은 뜻의 조동사 must 대신에 쓸 수 있고, 뒤에는 항상 동사원형이 옵니다. 주어가 단수일 때는 has to, 그 외에는 have to의 형태로 쓰입니다.

I **have to** do my homework now. 나는 지금 숙제를 해야만 한다.
She **has to** go home early. 그녀는 일찍 집에 가야만 한다.

빈칸에 알맞은 말을 써서 문장을 완성하세요.

① We _____ to save water.   우리는 물을 아껴야 한다.

② Sarah _____ to clean her desk.   사라는 책상을 치워야 한다.

MORE EXPRESSIONS   곤충에 대한 표현을 더 배워봐요.

☐ A dragonfly's wings are transparent.   잠자리의 날개는 투명하다.

☐ It has large eyes.   그것은 눈이 크다.

☐ A butterfly has three body parts.   나비는 몸이 세 부분으로 되어 있다.

☐ It has a pair of antennae.   그것은 한 쌍의 더듬이가 있다.

☐ Only the queen ant can lay eggs.   여왕 개미만 알을 낳을 수 있다.

☐ It can smell with its antennae.   그것은 더듬이로 냄새를 맡을 수 있다.

내가 가장 좋아하는 악기

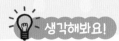
생각해봐요!

· 가장 좋아하는 악기는 무엇인가요?
· 그 악기는 어떤 소리가 나나요?

The Ukulele
우쿨렐레

소리
· **light and bright sound** 가볍고 밝은 소리

생김새
· **like a small guitar**
작은 기타 같은
· **four strings**
4개의 줄

연주법
· **use fingernails to strum the strings**
줄을 치기 위해 손톱을 사용한다
· **easy to learn** 배우기 쉬운

● 위에 나온 표현을 활용하여 문장을 완성해 보세요.

① It looks like a small _____.   그것은 작은 기타처럼 생겼다.

② The ukulele sounds very _____ and _____.
우쿨렐레는 매우 가볍고 밝은 소리가 난다.

③ It is very _____ to learn the ukulele.   우쿨렐레는 매우 배우기 쉽다.

My Favorite Instrument

My favorite instrument is the ukulele.

The ukulele is the first one that I learned to play.

It looks like a small guitar.

It only has four strings.

The ukulele sounds very light and bright.

I learned how to play the ukulele from YouTube.

I used my fingernails to strum the ukulele strings.

After I learned a few chords, I could play plenty of songs on the ukulele.

I enjoy playing it without stress since it is very easy to learn the ukulele.

Expressions

- **instrument** 악기
- **ukulele** 우쿨렐레
- **guitar** 기타
- **string** 줄
- **light** 가벼운
- **bright** 밝은
- **strum** (기타 같은 것을) 치다
- **chord** 코드
- **plenty of** 많은
- **stress** 스트레스

우리말로 읽어보세요!

내가 제일 좋아하는 악기

내가 제일 좋아하는 악기는 우쿨렐레다. 우쿨렐레는 내가 연주를 배운 첫 악기다. 그것은 작은 기타처럼 생겼다. 줄은 4개뿐이다. 우쿨렐레는 매우 가볍고 밝은 소리가 난다. 나는 유튜브에서 우쿨렐레 치는 법을 배웠다. 나는 손톱을 사용해서 우쿨렐레의 줄을 쳤다. 몇 개의 코드를 배우고 나서 나는 우쿨렐레로 많은 노래를 연주할 수 있었다. 우쿨렐레는 매우 배우기 쉽기 때문에 나는 스트레스 없이 우쿨렐레 연주를 즐긴다.

오늘 일기 다시 써 보기 괄호 안에 있는 단어를 사용해서 오늘 배운 문장을 다시 써 보세요.
잘 기억이 나지 않으면 앞으로 돌아가 따라 써 보세요.

① 우쿨렐레는 내가 가장 좋아하는 악기다. (favorite, the ukulele)

② 우쿨렐레는 작은 기타처럼 생겼다. (the ukulele, look like)

③ 그것은 줄이 4개뿐이다. (have, strings)

④ 우쿨렐레는 매우 맑고 밝은 소리가 난다. (sound, light and bright)

⑤ 나는 유튜브에서 우쿨렐레 치는 법을 배웠다. (how to play, from YouTube)

⑥ 나는 스트레스 없이 그것을 연주하는 것을 즐긴다. (enjoy, without stress)

122

GRAMMAR TIP

감각동사 sound

우쿨렐레의 소리가 매우 가볍고 밝게 들린다고 할 때 sounds very light and bright라고 썼습니다. sound는 '~하게 들리다'라는 뜻의 감각동사로, sound 뒤에 형용사가 나옵니다. 우리말로는 '~하게' 라고 해석하지만 부사를 쓰지 않는다는 것! 꼭 기억하세요.

It **sounds** easy. 그것은 쉽게 들린다. (O)   *It **sounds** easily.* (×)

It **sounds** interesting. 그것은 재미있게 들린다. (O)   *It **sounds** interestingly.* (×)

문장을 읽고 알맞은 말에 동그라미 해보세요.

① It sounds (dangerous / dangerously).   그것은 위험하게 들린다.

② That song sounds (beautiful / beautifully).   그 노래는 아름답게 들린다.

MORE EXPRESSIONS   악기에 대한 표현을 더 배워봐요.

□ A violin can create a wide variety of pitches.

바이올린은 다양한 음역대의 소리를 낼 수 있다.

□ It is played with a bow.   그것은 활로 연주한다.

□ It is easy to learn the piano.   피아노는 배우기 쉽다.

□ The sound is so charming.   소리가 매우 매력적이다.

□ I play the harmonica by using my mouth.   나는 입으로 하모니카를 연주한다.

□ It looks like a corn.   그것은 옥수수처럼 생겼다.

UNIT 28 가장 위대한 발명품

 생각해봐요!

· 세상에서 가장 위대한 발명품은 무엇
  이라고 생각하나요?
· 그 발명품 덕분에 생활이 어떻게 달라
  졌나요?

유익 2

get a lot of
information

많은 정보를 얻는다

유익 1

do my homework
quickly

숙제를 빨리 한다

유익 3

enjoy playing
computer games

컴퓨터 게임을 즐긴다

The Computer:
The Greatest Invention 컴퓨터: 가장 위대한 발명품

유익 4

chat with my
cousins abroad

해외의 사촌들과 채팅한다

유익 5

email my cousins

사촌들에게
이메일을 보낸다

● 위에 나온 표현을 활용하여 문장을 완성해 보세요.

① I think the computer is the greatest _____.

나는 컴퓨터가 가장 위대한 발명품이라고 생각한다.

② I also enjoy _____ computer games.   나는 컴퓨터 게임도 즐긴다.

③ I can _____ with my cousins abroad.   나는 해외에 있는 사촌들과 채팅할 수 있다.

124

The Greatest Invention

I think the computer is the greatest invention on earth.

Thanks to my computer, I can do my homework quickly.

I don't have to look up a lot of books in the library.

I can get a lot of information from the Internet.

I also enjoy playing computer games.

They are so much fun.

In addition, I can chat with my cousins abroad.

I often email them, too.

I can't imagine life without computers.

Expressions

- **the greatest** 가장 위대한
- **invention** 발명품
- **on earth** 세상에서
- **thanks to** ~덕분에
- **do one's homework** 숙제하다
- **look up** ~을 찾다
- **library** 도서관

- **information** 정보
- **in addition** 게다가
- **chat** 채팅을 하다
- **cousin** 사촌
- **abroad** 해외에
- **email** 이메일을 보내다
- **imagine** 상상하다
- **without** ~ 없는

가장 위대한 발명품

나는 컴퓨터가 세상에서 가장 위대한 발명품이라고 생각한다. 컴퓨터 덕분에 나는 숙제를 빨리 할 수 있다. 도서관에서 많은 책을 찾아볼 필요가 없다. 나는 인터넷에서 많은 정보를 얻을 수도 있다. 나는 컴퓨터 게임도 즐긴다. 컴퓨터 게임은 정말 재미있다. 게다가, 해외에 있는 사촌들과 채팅을 할 수도 있다. 나는 그들에게 이메일도 자주 쓴다. 컴퓨터가 없는 삶은 상상할 수도 없다.

오늘 일기 다시 써 보기

괄호 안에 있는 단어를 사용해서 오늘 배운 문장을 다시 써 보세요.
잘 기억이 나지 않으면 앞으로 돌아가 따라 써 보세요.

① 컴퓨터는 가장 위대한 발명품이다. (the greatest invention)

② 나는 숙제를 빨리 할 수 있다. (do my homework)

③ 나는 인터넷에서 많은 정보를 찾을 수도 있다. (information, the Internet)

④ 나는 해외에 있는 사촌들과 채팅을 할 수 있다. (chat, my cousins abroad)

⑤ 나는 그들에게 이메일도 자주 쓴다. (often, email)

⑥ 컴퓨터가 없는 삶은 상상할 수도 없다. (imagine, without computers)

GRAMMAR TIP

'많은'을 나타내는 형용사

오늘 일기에서 '많은 책'을 a lot of books로 표현했죠? 영어로 many, much, a lot of 등을 써서 '많은'을 나타냅니다. 이 셋은 뜻은 같지만 뒤에 따라오는 명사의 성격이 조금씩 다릅니다. many 뒤에는 셀 수 있는 명사, much 뒤에는 셀 수 없는 명사, a lot of 뒤에는 셀 수 있는 명사와 셀 수 없는 명사 모두 올 수 있습니다.

many books(많은 책)   **many** computers(많은 컴퓨터)   **many** apples(많은 사과)

much money(많은 돈)   **much** time(많은 시간)   **much** traffic(많은 통행량)

문장을 읽고, 알맞은 말에 동그라미하세요.

① There are (many / much) eggs in the basket.   바구니에 계란이 많이 있다.

② The old man has (many / much) money.   그 노인은 돈이 많다.

MORE EXPRESSIONS

위대한 발명품에 대한 표현을 더 배워봐요.

☐ paper: We have maps, paper currency and books.

종이 : 우리는 지도, 지폐, 책을 가지게 되었다.

☐ refrigerator: It prevents food from spoiling.

냉장고 : 음식이 상하는 것을 막아준다.

☐ electricity: It brings light and power to people.

전기 : 빛과 전력을 사람들에게 가져다 주었다.

☐ medicine: It helps people to cure diseases.

약 : 사람들이 병을 치료하도록 도와준다.

☐ compass: It helps people navigate well and safely.

나침반 : 사람들이 안전하게 잘 항해하도록 도와준다.

UNIT 29 존경하는 역사적 인물

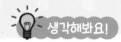

생각해봐요!

· 가장 존경하는 역사적 인물은 누구인가요?
· 그 인물의 업적은 무엇인가요?

Yi Sun-shin
이순신

Who was he?
그는 누구인가

- **a hero in Korean history**
  한국 역사의 영웅
- **an admiral in the Joseon Dynasty**
  조선 왕조의 해군 장군

What did he make?
그는 무엇을 만들었는가

- **the Turtle Ship** 거북선
  : a wonderful scientific ship
  훌륭하고 과학적인 배

What did he do?
그는 무엇을 하였는가

- **protected people from a Japanese invasion**
  일본의 침략으로부터 백성을 보호했다
- **fought 23 times and won every time** 23번 싸우고 모두 승리했다

●위에 나온 표현을 활용하여 문장을 완성해 보세요.

① He is a _____ in Korean history.   그는 한국 역사의 영웅이었다.

② He created the _____.   그는 거북선을 만들었다.

③ He could protect people from a Japanese _____.
그는 일본의 침략으로부터 백성을 보호할 수 있었다.

My Hero

Yi Sun-shin is my favorite hero!

He was a hero in Korean history.

He was an admiral in the Joseon Dynasty.

He created the Turtle Ship.

It was a wonderful scientific ship.

With this ship, he could protect people from a

Japanese invasion.

He fought 23 times and won every time.

He made history.

I thank him for protecting my country.

I am so proud of him.

우리말로
읽어보세요!

Expressions

- hero 영웅
- history 역사
- admiral 해군 장군
- create 만들다
- Turtle Ship 거북선
- wonderful 훌륭한
- scientific 과학적인
- protect 보호하다

- Japanese 일본의
- invasion 침략
- fight 싸우다
- win 승리하다
- make history
  역사를 만들다
- be proud of
  ~를 자랑스러워 하다

나의 영웅

이순신은 내가 가장 좋아하는 영웅이다! 그는 한국 역사의 영웅
이었다. 그는 조선 왕조의 해군 장군이었다. 그는 거북선을 만들
었다. 그것은 훌륭하고 과학적인 배였다. 이 배로, 장군은 일본
의 침략으로부터 백성을 보호할 수 있었다. 그는 23번을 싸우고
모두 승리했다. 그는 역사를 만들었다. 나는 우리나라를 지켜주
신 이순신 장군께 감사드린다. 나는 그분이 참 자랑스럽다.

129

Dear Ms. Parker,

받는 사람
Dear 혹은 To 다음에 이름 쓰기

I am writing to say sorry to you. 편지를 쓰는 이유

It was I who broke the window in the classroom.

I did it when I was practicing kicking a ball.

First of all, I was wrong to be playing with a ball

in the classroom.

Secondly, I lied that I didn't do it.

I was scared because you were so angry.

I would like to apologize for upsetting you.

I will never do that again.

하고 싶은 말
잘못한 점,
앞으로의
다짐

Sincerely,

Jack

보내는 사람
Sincerely, Love, Your(친애하는, 사랑하는, 너의) 다음에 이름 쓰기

우리말로
읽어보세요!

Expressions

- **break the window**
  창문을 깨다
- **classroom** 교실
- **kick** 차다
- **wrong** 잘못된
- **lie** 거짓말을 하다
- **scared** 무서운
- **angry** 화가 난
- **apologize** 사과하다
- **upset** 화나게 하다

파커 선생님께,

선생님께 죄송하다는 말씀을 드리기 위해 씁니다. 교실에서 창문을 깬 건 저였어요. 공을 차는 연습을 하다가 그렇게 되었어요. 무엇보다도, 교실에서 공놀이를 한 건 제 잘못이에요. 둘째로, 저는 제가 하지 않았다고 거짓말을 했어요. 선생님이 많이 화가 나셔서 저는 무서웠어요. 선생님을 화나게 해 드린 것에 대해 사과드리고 싶어요. 두 번 다시는 그러지 않겠습니다.

진심을 담아,
잭 드림

159

괄호 안에 있는 단어를 사용해서 오늘 배운 문장을 다시 써 보세요.
잘 기억이 나지 않으면 앞으로 돌아가 따라 써 보세요.

① 당신께 죄송하다는 말씀을 드리기 위해 씁니다. (say sorry)

_____

_____

② 창문을 깬 건 저였어요. (break the window)

_____

_____

③ 교실에서 공놀이를 한 건 제 잘못이에요. (wrong, play with a ball)

_____

_____

④ 저는 제가 하지 않았다고 거짓말을 했어요. (lie, do)

_____

_____

⑤ 당신을 화나게 해 드린 것에 대해 사과드리고 싶어요. (apologize for upsetting)

_____

_____

⑥ 두 번 다시는 그러지 않겠습니다. (never do that again)

_____

_____

때를 나타내는 접속사 when

오늘 일기에는 '~할 때'를 의미하는 접속사 when이 등장합니다. 접속사는 두 문장을 연결해 주는데요. when이 이끄는 문장은 문장의 맨 앞이나 중간에 자유롭게 올 수 있습니다.

When I dance, I feel free. 나는 춤출 때 자유를 느낀다.

I am sad **when** I can't play with you. 너와 함께 놀 수 없을 때 나는 슬프다.

- -

빈칸에 알맞은 말을 써서 문장을 완성하세요.

① _____ he was 5 years old, he started to sing.
그는 다섯 살 때 노래하기 시작했다.

② I can't smile _____ I am nervous.   나는 긴장될 때 웃을 수 없다.

talk too loudly on a bus 버스에서 시끄럽게 떠든다	**make fools of friends** 친구들을 놀린다	**break my promises** 약속을 어긴다
be late for school 학교에 지각한다	**cut in line** 새치기를 한다	✏️

UNIT 37 독서 일기

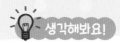

생각해봐요!

· 가장 감명 깊게 읽은 책은 무엇인가요?
· 주인공에게 무슨 일이 생기나요?

Book Report

제목

Charlie and the Chocolate Factory
찰리와 초콜릿 공장

저자

Roald Dahl 로알드 달

주인공

Charlie Bucket
찰리 버킷

- **likes chocolate bars**
  초콜릿 바를 좋아한다

- **does not have enough money**
  돈이 충분히 없다

주인공이 겪는 일

- **wins a golden ticket**
  황금 티켓을 얻는다

- **visits a chocolate factory**
  초콜릿 공장을 방문한다

- **has fantastic experiences**
  환상적인 경험을 한다

● 위에 나온 표현을 활용하여 문장을 완성해 보세요.

① Charlie likes to eat _____ .
찰리는 초콜릿 바 먹는 것을 좋아한다.

② He does not have _____ money.   그는 충분한 돈이 없다.

③ He _____ a golden ticket.   그는 황금 티켓을 얻는다.

I Envy Charlie!

My favorite book is *Charlie and the Chocolate Factory*.

This book is written by Roald Dahl.

It is about a poor boy, Charlie Bucket, and his family.

Charlie likes to eat chocolate bars.

But he does not have enough money to buy them often.

One day, he wins a golden ticket to visit a chocolate factory.

In the factory, he has fantastic experiences.

If possible, I want to ride on the boat in the chocolate river.

I want to eat Everlasting Gobstoppers and chewing-gum meals.

I really envy Charlie!

*Everlasting Gobstopper 줄어들지 않는 사탕
*gum meal 식사 대용 껌

Expressions

- **be written by** ~에 의해 쓰이다
- **poor** 가난한
- **chocolate bar** 초콜릿 바
- **enough** 충분한
- **one day** 어느 날
- **win** 이기다, 얻다
- **golden** 금으로 만든
- **visit** 방문하다
- **factory** 공장
- **fantastic** 환상적인
- **experience** 경험
- **if possible** 가능하다면
- **ride** 타다
- **boat** 배
- **envy** 부러워하다

나는 찰리가 부러워!

내가 가장 좋아하는 책은 〈찰리와 초콜릿 공장〉이다. 이 책은 로알드 달에 의해 쓰였다. 이 책은 가난한 소년 찰리 버킷과 그 가족에 관한 이야기다. 찰리는 초콜릿 바 먹는 것을 좋아한다. 하지만 그는 초콜릿 바를 자주 사 먹을 충분한 돈이 없다. 어느 날, 찰리는 초콜릿 공장을 방문할 수 있는 황금 티켓을 얻는다. 공장에서 그는 환상적인 경험을 한다. 가능하다면 나도 초콜릿 강에서 배를 타고 싶다. 줄어들지 않는 사탕과 식사 대용 껌도 먹고 싶다. 나는 정말 찰리가 부럽다!

괄호 안에 있는 단어를 사용해서 오늘 배운 문장을 다시 써 보세요.
잘 기억이 나지 않으면 앞으로 돌아가 따라 써 보세요.

① 내가 가장 좋아하는 책은 〈찰리와 초콜릿 공장〉이다. (my favorite book)

_____

_____

② 이 책은 로알드 달에 의해 쓰였다. (write, Roald Dahl)

_____

_____

③ 그것은 가난한 소년과 그 가족에 관한 이야기다. (poor, family)

_____

_____

④ 그는 초콜릿 공장을 방문할 수 있는 황금 티켓을 얻는다. (win a golden ticket, visit)

_____

_____

⑤ 나는 초콜릿 강에서 배를 타고 싶다. (ride on the boat)

_____

_____

⑥ 나는 정말 찰리가 부럽다! (really envy)

_____

_____

일반동사의 불규칙 과거형

오늘 일기에서 '얻었다'는 won, '가지고 있었다'는 had로 표현했어요. 앞에서 대부분의 일반동사는 과거의 상황을 표현할 때 동사 끝에 -ed를 붙인다고 했는데요. win이나 have처럼 불규칙하게 변하는 동사도 있어요.

win (이기다) – **won**   have (가지다) – **had**   run (달리다) – **ran**
catch (잡다) – **caught**   drink (마시다) – **drank**   sit (앉다) – **sat**
give (주다) – **gave**   fight (싸우다) – **fought**   eat (먹다) – **ate**

괄호 안에 있는 단어를 사용해서 문장을 완성하세요.

① I _____ in the race. (run)   나는 달리기 경주에서 뛰었다.

② She _____ next to him. (sit)   그녀는 그 사람 옆에 앉았다.

좋아하는 책에 대한 표현을 더 배워봐요.

I couldn't stop
reading it.
나는 읽는 것을
멈출 수 없었다.

This book is full
of humor.
이 책은 유머로
가득 차 있다.

The illustrations
are beautiful.
삽화가 아름답다.

The story is simple
/ complicated.
줄거리는 단순하다 / 복잡하다.

The main idea is to
fight against villains.
중심 내용은 악당에 맞서
싸우는 것이다.

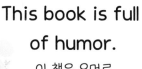

I would highly
recommend it
to anyone.
누구에게나 강력히 추천한다.

UNIT 38 전시회에 다녀와서

 생각해봐요!

· 가장 인상 깊었던 전시회는 무엇인가요?
· 전시회를 통해 새롭게 알게 된 점은 무엇인가요?

Leonardo da Vinci
레오나르도 다빈치

His job 그의 직업

- **a painter** 화가
- **a sculptor** 조각가
- **an architect** 건축가
- **a poet** 시인
- **a composer** 작곡가
- **a scientist** 과학자
- **an inventor** 발명가

His designs 그의 설계도

- **a bicycle** 자전거
- **an airplane** 비행기
- **a helicopter** 헬리콥터
- **a parachute** 낙하산

In his notebook 그의 공책에는

- **He wrote back to front.**
  그는 글자를 거꾸로 썼다.
- → **to keep his ideas secret**
  자신의 아이디어를 비밀로 지키기 위해

● 위에 나온 표현을 활용하여 문장을 완성해 보세요.

① He wasn't just a great _____. 그는 그저 위대한 화가인 것만은 아니었다.

② His _____ was also interesting. 그의 공책 또한 흥미로웠다.

③ He wanted to keep his ideas _____.
그는 자신의 아이디어를 비밀로 지키고 싶어 했다.

166

A Genius Artist

I went to an exhibition of the works of Leonardo da Vinci.

He was a famous artist who painted the *Mona Lisa*.

However, he wasn't just a great painter.

Leonardo was also a sculptor, architect, poet, composer, scientist, and inventor. He was such a genius!

He drew designs for a bicycle, an airplane, a helicopter, and a parachute about 500 years ago.

His notebook was also interesting.

He wrote back to front from right to left.

Some people believed that Leonardo did it to keep his ideas secret!

All of his works were impressive to me.

우리말로
읽어보세요!

Expressions

- **exhibition** 전시회
- **work** 작품
- **famous** 유명한
- **artist** 예술가
- **paint** 그리다
- **painter** 화가
- **sculptor** 조각가
- **architect** 건축가
- **poet** 시인
- **composer** 작곡가
- **scientist** 과학자
- **inventor** 발명가
- **genius** 천재
- **draw** 그리다
- **design** 설계도
- **parachute** 낙하산
- **back to front** 거꾸로
- **secret** 비밀
- **impressive** 인상 깊은

천재 예술가

나는 레오나르도 다빈치의 전시회에 다녀왔다. 그는 모나리자를 그린 유명한 화가였다. 하지만 그는 그저 위대한 화가인 것만은 아니었다. 레오나르도는 또한 조각가, 건축가, 시인, 작곡가, 과학자이자 발명가였다. 그는 진정한 천재였다! 그는 약 500년 전에 자전거, 비행기, 헬리콥터 그리고 낙하산의 설계도를 그렸다. 그의 공책 또한 흥미로웠다. 그는 오른쪽에서 왼쪽으로 글씨를 거꾸로 썼다. 어떤 사람들은 레오나르도가 자신의 아이디어를 비밀로 지키고 싶어서 그렇게 했다고 믿었다. 그의 모든 작품은 나에게 인상 깊었다.

 **오늘 일기 다시 써 보기**

괄호 안에 있는 단어를 사용해서 오늘 배운 문장을 다시 써 보세요.
잘 기억이 나지 않으면 앞으로 돌아가 따라 써 보세요.

① 나는 레오나르도 다빈치의 전시회에 다녀왔다. (go to the exhibition)

_____

_____

② 그는 모나리자를 그린 유명한 화가였다. (paint the *Mona Lisa*)

_____

_____

③ 그는 진정한 천재였다! (such a genius)

_____

_____

_____

④ 그의 공책 또한 흥미로웠다. (notebook, interesting)

_____

_____

_____

⑤ 그는 자신의 아이디어를 비밀로 지키고 싶어서 그렇게 했다. (keep his ideas secret)

_____

_____

_____

⑥ 그의 모든 작품은 나에게 인상 깊었다. (his works, impressive)

_____

_____

_____

연결할 때 쓰는 접속사 and

and는 대등한 관계의 단어와 단어, 또는 문장과 문장을 연결할 때 쓰는 접속사입니다. 두 개를 연결할 때는 A and B라고 하죠. 그렇다면 세 개 이상의 단어를 연결할 때 and는 어떻게 쓸까요? 마지막 단어 앞에 한 번만 써주면 됩니다.

I need a helmet **and** gloves. 나는 헬멧과 장갑이 필요하다.

Tony likes movies, **and** I like sports. 토니는 영화를 좋아하고 나는 스포츠를 좋아한다.

I bought an apple, a banana, **and** an orange. 나는 사과와 바나나, 그리고 오렌지를 샀다.

- -

문장을 읽고 and가 들어갈 알맞은 자리를 고르세요.

① I would like to ⓐ go to France, ⓑ Singapore, ⓒ Vietnam.
나는 프랑스와 싱가포르, 그리고 베트남에 가고 싶다.

② Mom played ⓐ the piano, ⓑ I danced ⓒ. 엄마는 피아노를 치셨고 나는 춤을 췄다.

 전시회에 대한 표현을 더 배워봐요.

☐ **There were 20 works of art in the exhibition.**
그 전시회에는 20점의 예술 작품이 있었다.

☐ **There was such a long line in the exhibition.** 전시회에는 줄이 정말 길었다.

☐ **Visiting the exhibition was very informative.** 전시회 방문은 아주 유익했다.

☐ **There was a big sculpture at the entrance.** 입구에 커다란 조각품이 있었다.

☐ **The exhibition had many activities for children.**
그 전시회에는 어린이를 위한 활동이 많이 있었다.

UNIT 39 영화 감상문

생각해봐요!

· 가장 좋아하는 영화는 무엇인가요?
· 그 영화를 보고 무슨 생각이 들었나요?

Movie Report

제목 **Paddington 2**
     패딩턴 2

장르 **an animated movie**
     만화 영화

Who is Paddington?
패딩턴은 누구인가?

- **a little bear** 작은 곰
- **so cute** 아주 귀여운
- **thinks and acts like a human**
  사람처럼 생각하고 움직인다
  - ⋯▶ **tries to help people**
    사람들을 도우려고 노력한다
  - ⋯▶ **gives people energy**
    사람들에게 에너지를 준다
  - ⋯▶ **is not afraid of difficulties**
    어려움을 두려워하지 않는다
  - ⋯▶ **doesn't give up** 포기하지 않는다

I wish
나는 바란다

- **to have a bear like Paddington**
  패딩턴 같은 곰을 키우기를

● 위에 나온 표현을 활용하여 문장을 완성해 보세요.

① It is an _____ movie. 그것은 만화 영화다.

② He thinks and acts like a _____. 그는 사람처럼 생각하고 행동한다.

③ He always gives people _____. 그는 항상 사람들에게 에너지를 준다.

A Cute Bear, Paddington

I watched the movie, *Paddington 2*.

It is an animated movie about a little bear.

The main character, Paddington, is so cute!

He thinks and acts like a human.

Paddington tries to help people around him.

So he always gives people energy.

Plus, he is not afraid of difficulties.

He doesn't give up until the end.

I wish my family had a little bear like him.

Expressions

- **watch** 보다
- **animated movie** 만화 영화
- **bear** 곰
- **main character** 주인공
- **think** 생각하다
- **act** 행동하다
- **like** ~처럼
- **human** 인간
- **cute** 귀여운
- **help** 돕다
- **be afraid of** ~을 두려워하다
- **difficulty** 어려움
- **give up** 포기하다

귀여운 곰 패딩턴

나는 영화 〈패딩턴 2〉를 봤다. 그것은 작은 곰에 대한 만화 영화다. 주인공 패딩턴은 정말 귀엽다! 그는 사람처럼 생각하고 행동한다. 패딩턴은 자기 주변의 사람들을 도우려고 노력한다. 그래서 그는 항상 사람들에게 에너지를 준다. 게다가 그는 어려움을 두려워하지 않는다. 그는 끝까지 포기하지 않는다. 우리 가족에게도 패딩턴 같은 작은 곰이 있으면 좋겠다.

괄호 안에 있는 단어를 사용해서 오늘 배운 문장을 다시 써 보세요.
잘 기억이 나지 않으면 앞으로 돌아가 따라 써 보세요.

① 나는 영화 〈패딩턴 2〉를 봤다. (watch, *Paddington*)

② 그것은 작은 곰에 대한 만화 영화다. (an animated movie)

③ 그는 사람처럼 생각하고 행동한다. (think, act, a human)

④ 패딩턴은 자기 주변의 사람들을 도우려고 노력한다. (try to help)

⑤ 그는 항상 사람들에게 에너지를 준다. (give, energy)

⑥ 우리 가족에게도 그처럼 작은 곰이 있으면 좋겠다. (wish, have a little bear)

콤마를 사용하여 보충 설명하기

오늘 일기에는 The main character, Paddington, is so cute!라는 문장이 등장합니다. 이때, 두 개의 콤마 사이에 들어간 Paddington은 the main character(주인공)에 대한 보충 설명입니다. 이처럼, 콤마(,)를 이용해서 앞에서 말한 대상에 대해 보충 설명을 할 수 있답니다.

Ms. Smith, my English teacher, is friendly. 우리 영어 선생님이신 스미스 선생님은 다정하시다.
I have one great plan, to travel to the Alps. 나는 알프스산맥을 여행하는 멋진 계획을 가지고 있다.

문장을 읽고 콤마가 들어갈 알맞은 곳에 동그라미 해보세요.

① ⓐ Kate, my best friend ⓑ lives next to my house.
나의 단짝 친구인 케이트는 우리 옆집에 산다.

② ⓐ I want to meet ⓑ Lukas ⓒ my favorite soccer player.
나는 내가 가장 좋아하는 축구 선수인 루카스를 만나보고 싶다.

I like comedy movies.
나는 코미디 영화를 좋아한다.

I hate horror movies.
나는 공포 영화를 싫어한다.

The ending was dull.
결말이 시시했다.

The movie was a big hit.
영화가 크게 흥행했다.

I envy the main character.
나는 주인공이 부럽다.

나의 발명 아이디어

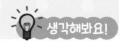
· 무엇을 발명하고 싶나요?
· 그 발명품은 어떤 특징을 가지고 있나요?

The Invention of a Robot Chef

로봇 요리사 발명

기능 1

knows all the recipes
모든 조리법을 안다
···▶ **cooks anything**
무엇이든 요리한다

기능 2

talks and walks
말하고 걷는다
···▶ **plays with me**
나와 함께 논다

기능 3

cleans the kitchen
주방을 청소한다

효과

a comfortable and enjoyable life
편안하고 즐거운 생활

● 위에 나온 표현을 활용하여 문장을 완성해 보세요.

① It knows all the _____ in the world.   그것은 세상의 모든 요리법을 안다.

② Leo can _____ and _____.   레오는 말도 하고 걸을 수도 있다.

③ Leo can _____ the _____ by itself.
레오가 스스로 주방을 청소할 수 있다.

Leo: The Robot Chef

I want to invent a robot chef.

I will name my robot Leo.

Leo knows all the recipes in the world.

It can cook anything.

Leo will make delicious food quickly.

Plus, Leo can talk and walk.

That means he can play with me.

The best part is that Leo can clean the kitchen by itself.

Thanks to Leo, my family will have a comfortable and enjoyable life.

우리말로
읽어보세요!

레오: 로봇 요리사

나는 로봇 요리사를 발명하고 싶다. 나는 그 로봇의 이름을 레오라고 지을 것이다. 레오는 세상의 모든 요리법을 안다. 레오는 무엇이든 요리할 수 있다. 레오가 맛있는 음식을 빨리 만들어줄 것이다. 그리고, 레오는 말도 하고 걸을 수도 있다. 이것은 곧, 레오가 나와 함께 놀 수 있다는 의미다. 가장 좋은 점은 레오가 스스로 주방을 청소할 수 있다는 것이다. 레오 덕분에 우리 가족은 편안하고 즐겁게 지낼 것이다.

Expressions

- invent 발명하다
- chef 요리사
- name 이름 짓다
- recipe 요리법
- cook 요리하다
- delicious 맛있는
- quickly 빨리
- talk 말하다
- walk 걷다
- clean 청소하다
- by oneself 혼자서
- comfortable 편안한

175

괄호 안에 있는 단어를 사용해서 오늘 배운 문장을 다시 써 보세요.
잘 기억이 나지 않으면 앞으로 돌아가 따라 써 보세요.

① 나는 로봇 요리사를 발명하고 싶다. (invent a robot chef)

_____

_____

② 레오는 세상의 모든 요리법을 안다. (Leo, all the recipes)

_____

_____

③ 그것은 무엇이든 요리할 수 있다. (cook anything)

_____

_____

④ 레오가 맛있는 음식을 빨리 만들어 줄 것이다. (make delicious food)

_____

_____

⑤ 레오는 스스로 주방을 청소할 수 있다. (clean, by itself)

_____

_____

⑥ 우리는 편안하고 즐겁게 지낼 것이다. (a comfortable and enjoyable life)

_____

_____

동사나 형용사, 부사를 꾸며주는 말 부사

오늘의 일기에 나오는 just(그냥)와 quickly(빠르게)는 부사예요. 부사는 보통 동사나 형용사, 다른 부사를 앞이나 뒤에서 더 자세히 설명해 줍니다. 예를 들어, '달리다'는 run입니다. 그런데 run fast(빠르게 달리다)라고 표현하면 달리는 모습을 더 자세히 표현할 수 있어요. 부사는 보통 '~하게' 라고 해석하며, '형용사 + -ly'의 형태가 많습니다.

He eats **quickly**. 그는 빠르게 먹는다.
They won the game **easily** today. 그들은 오늘 경기에서 쉽게 이겼다.

- -

문장을 읽고 알맞은 말에 동그라미 해보세요.

① They lived (happily / happy) ever after.　그들은 영원히 행복하게 살았다.

② The princess is (perfect / perfectly) beautiful.　그 공주는 완벽하게 아름답다.

내가 발명하고 싶은 발명품에 대한 표현을 더 배워봐요.

a flying skateboard
날아다니는 스케이트보드

a mini computer
미니 컴퓨터

a time machine
타임머신

↓ ↓ ↓

I can travel anytime.
나는 언제든지 여행할 수 있다.

It is super tiny and hard.
그것은 아주 작고 단단하다.

I can go back and forth between the past and the present.
나는 과거와 현재를 넘나들 수 있다.

177

UNIT 41 나에게 마술램프가 있다면

 생각해봐요!

· 마술램프를 얻게 된다면 어떤 소원을 빌고 싶나요?
· 그 이유는 무엇인가요?

If I Had a Magic Lamp...
나에게 마술램프가 있다면...

| 소원 1 | **teleport to Africa** 아프리카로 순간 이동한다 |
| 이유 | **to see wild animals there** 그곳에서 야생 동물을 보기 위해 |

| 소원 2 | **wish for one hundred dollars** 100달러를 요청한다 |
| 이유 | **to give presents to my mom** 엄마께 선물을 드리기 위해 |

| 소원 3 | **get a spaceship** 우주선을 얻는다 |
| 이유 | **to travel to Mars** 화성을 여행하기 위해 |

● 위에 나온 표현을 활용하여 문장을 완성해 보세요.

① I want to see _____. 나는 야생 동물을 보고 싶다.

② I want to give some _____ to my mom.
나는 엄마께 선물을 드리고 싶다.

③ I could _____ to Mars. 나는 화성을 여행할 수 있을 것이다.

178

My Three Wishes

If I had a magic lamp, I would ask the genie for three wishes.

First, I would teleport to Africa.

I want to see wild animals that live on the grasslands of Africa.

Second, I would wish for one hundred dollars.

I want to give some presents to my mom.

Third, I would like to get a spaceship.

I could travel to Mars.

I am sure that there will be aliens.

I will meet aliens there. It will be amazing.

If one of these three things came true,

I would be happy.

우리말로
읽어보세요!

Expressions

- **wish** 소원(을 빌다)
- **magic lamp** 마술램프
- **genie** 지니 (램프의 요정)
- **teleport** 순간 이동하다
- **wild animal** 야생 동물
- **grassland** 초원
- **hundred** 백(100)
- **present** 선물
- **spaceship** 우주선
- **travel** 여행하다
- **Mars** 화성
- **alien** 외계인
- **amazing** 놀라운
- **come true** 이루어지다. 실현되다

나의 세 가지 소원

만약 나에게 마술램프가 있다면 나는 지니한테 세 가지 소원을 들어달라고 부탁할 것이다. 우선, 나는 아프리카로 순간 이동을 할 것이다. 나는 아프리카의 초원에 살고 있는 야생 동물을 보고 싶다. 두 번째, 나는 100달러를 달라고 소원을 빌겠다. 나는 엄마께 선물을 드리고 싶다. 세 번째, 나는 우주선을 갖고 싶다. 나는 화성을 여행할 수 있을 것이다. 나는 화성에 외계인이 있을 거라고 확신한다. 거기서 나는 우주인을 만날 것이다. 굉장하겠지. 이 세 가지 중 하나만이라도 현실로 이뤄진다면 난 행복할 거야.

179

오늘 일기
다시 써 보기

괄호 안에 있는 단어를 사용해서 오늘 배운 문장을 다시 써 보세요.
잘 기억이 나지 않으면 앞으로 돌아가 따라 써 보세요.

① 나는 지니한테 세 가지 소원을 들어달라고 부탁할 것이다. (ask, three wishes)

② 우선, 나는 아프리카로 순간 이동을 할 것이다. (teleport to)

③ 나는 야생 동물을 보고 싶다. (wild animals)

④ 나는 100달러를 달라고 소원을 빌겠다. (wish for, dollars)

⑤ 나는 엄마께 선물을 드리고 싶다. (give some presents)

⑥ 세 번째, 나는 우주선을 갖고 싶다. (get a spaceship)

순서를 나타내는 말 (서수)

오늘 일기에서는 램프의 요정에게 빌고 싶은 세 가지 소원을 차례대로 쓰면서 문장 앞에 순서를 나타내는 말을 붙였습니다. 이처럼 순서를 나타내는 말을 서수라고 합니다. first(첫 번째), second(두 번째), third(세 번째) fourth(네 번째), fifth(다섯 번째) 등으로 나타내며, 대부분의 경우에 숫자 뒤에 -th를 붙인 형태로 씁니다.

I'm in the **third** grade. 나는 3학년이다.

She lives on the **tenth** floor. 그녀는 10층에 산다.

빈칸에 알맞은 말을 써서 문장을 완성하세요.

① I was born as the _____ child.　나는 셋째로 태어났다.

② Brazil is the _____ largest country in the world.
　브라질은 세계에서 다섯 번째로 큰 나라다.

소원에 대한 표현을 더 배워봐요.

☐ I want to be taller.　나는 키가 더 컸으면 좋겠다.

☐ I would meet my favorite singer.　난 내가 가장 좋아하는 가수를 만날 것이다.

☐ I want to have superpowers.　나는 초능력을 갖고 싶다.

☐ I would make the world a better place.　나는 좀 더 나은 세상을 만들 것이다

☐ I would wish for a little puppy.　나는 작은 강아지를 갖게 해달라고 빌겠다.

☐ I would wish to be an adult.　나는 어른이 되게 해달라고 빌겠다.

UNIT 42 내가 만약 동물이라면

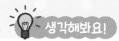

생각해봐요!

· 만일 내가 반려동물이 된다면 무엇을 하고 싶나요?
· 반려동물이 된다면 안 좋은 점은 무엇일까요?

If I Were a Pet Dog...

만약 내가 반려견이라면...

가족들이 해 줄 일

- **take care of me**
  나를 돌봐준다
- **feed me and take me on walks**
  나에게 먹이를 주고 나를 산책에 데려간다

가족들이 외출하면 나는

- **alone at home**
  집에 혼자 있는
- **bored to death**
  너무 심심한

나의 결심

I should look after my dog very well.

● 위에 나온 표현을 활용하여 문장을 완성해 보세요.

① My family would take _____ of me.   우리 가족이 나를 돌봐줄 것이다.

② I would be _____ to death.   나는 심심해서 죽을 지경일 것이다.

③ I should _____ my dog very well.
내가 우리 개를 아주 잘 돌봐줘야 겠다.

If I Were a Pet Dog...

What would happen if I were a pet dog?

First of all, my family would take care of me.

They should feed me and take me on walks.

I couldn't talk to them.

I would bark at them continuously.

If my family went to work or school, I would be alone at home.

I would be bored to death.

Come to think of it, I should look after my dog very well.

우리말로
읽어보세요!

만약 내가 반려견이라면...

만약 내가 반려견이라면 어떤 일이 일어날까? 우선, 우리 가족이 나를 돌봐줄 것이다. 가족들은 나에게 먹이를 주고 산책을 시켜 줘야 할 것이다. 나는 가족들에게 말을 할 수 없겠지. 나는 계속 해서 가족들에게 짖어대겠지. 우리 가족이 직장이나 학교에 간다면, 나는 집에 혼자 있게 될 것이다. 심심해서 죽을 지경이겠지. 생각해 보니, 내가 우리 개를 아주 잘 돌봐줘야 겠다.

183

괄호 안에 있는 단어를 사용해서 오늘 배운 문장을 다시 써 보세요.
잘 기억이 나지 않으면 앞으로 돌아가 따라 써 보세요.

① 우리 가족이 나를 돌봐줄 것이다. (take care of)

_____

_____

② 그들은 나에게 먹이를 주고 산책을 시켜줘야 할 것이다. (feed, take me on walks)

_____

_____

③ 나는 그들에게 말을 할 수 없겠지. (talk to)

_____

_____

④ 나는 계속해서 그들에게 짖어댈 것이다. (bark at, continuously)

_____

_____

⑤ 나는 집에 혼자 있게 될 것이다. (be alone, home)

_____

_____

⑥ 내가 우리 개를 아주 잘 돌봐줘야 겠다. (look after)

_____

_____

의무를 나타내는 쓰는 조동사 should

오늘 일기에서 가족들이 내게 '먹이를 줘야 한다'라고 표현할 때 should feed me라고 썼습니다. should는 '~해야 한다'라는 조언을 나타내는 말로 뒤에는 반드시 동사원형이 옵니다. 부정형으로 나타낼 때는 「should not/shouldn't + 동사원형」으로 표현합니다.

I **should** go home now. 나는 지금 집에 가야 한다.

She **should** do her homework from now on. 그녀는 지금부터 숙제를 해야 한다.

You **should not** run here. 여기에서 뛰면 안 된다.

빈칸에 알맞은 말을 써서 조언을 나타내는 문장을 완성하세요.

① He _____ _____ his room. (clean) 그는 그의 방을 치워야 한다.

② You _____ _____ a lie. (tell) 거짓말을 하면 안 된다.

MORE EXPRESSIONS

반려동물에 대한 표현을 더 배워봐요.

chew the shoes
신발을 물어뜯는다

play with toys
장난감을 갖고 논다

wait by the door
문 앞에서 기다린다

wag a tail
꼬리를 흔든다

bark at strangers
낯선 사람들한테 짖는다

UNIT 43

무인도에 가져갈 물건

 생각해봐요!

· 무인도에 세 가지 물건만 가져 갈 수 있다면 무엇을 가져가고 싶나요?
· 그 이유는 무엇인가요?

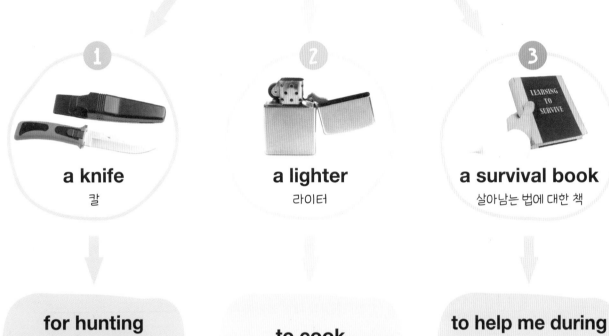

3 Things to Bring to a Deserted Island

무인도에 가져갈 세 가지 물건

① a knife	② a lighter	③ a survival book
칼	라이터	살아남는 법에 대한 책
for hunting and cutting	**to cook**	**to help me during difficult moments**
사냥하고 자르는 데 쓰려고	요리하려고	어려운 순간에 나를 돕기 위해

● 위에 나온 표현을 활용하여 문장을 완성해 보세요.

① It could be used for _____ and _____.   그것은 사냥하고 자르는 데 쓸 수 있을 것이다.

② I would need a lighter to _____.   요리를 위해서 라이터가 필요할 것이다.

③ I guess I would take a _____ book.
나는 살아남는 법에 대한 책을 한 권 가져갈 것 같다.

186

3 Things to Bring to a Deserted Island

If I went to a deserted island, I would like to bring
a knife, a lighter, and a survival book.

A knife is very necessary.

It could be used for hunting and cutting.

I would also need a lighter to cook.

It is not easy to make a fire with stones and wood.

Lastly, I guess I would bring a survival book.

It would help me when I am facing difficult moments.

Frankly speaking, I don't want to go there.

Deserted islands must be boring!

우리말로
읽어보세요!

Expressions

- **bring** 가져가다
- **deserted island** 무인도
- **knife** 칼
- **lighter** 라이터
- **survival** 생존
- **necessary** 필요한
- **be used for** ~하는 데 사용되다
- **hunt** 사냥하다
- **make a fire** 불을 피우다
- **wood** 나무
- **guess** 추측하다
- **face** 직면하다
- **frankly speaking** 솔직히 말하면

무인도에 가져갈 세 가지 물건

내가 만약 무인도에 간다면 나는 칼, 라이터, 그리고 살아남는 법에 대한 책을 가져갈 것이다. 칼은 꼭 필요하다. 사냥하고 자르는 데 쓸 수 있을 것이다. 요리를 위해서 라이터도 필요할 것이다. 돌과 나무로 불을 피우기는 쉽지 않다. 마지막으로, 나는 살아남는 법에 대한 책을 한 권 가져갈 것 같다. 어려운 도전에 맞설 때 도움이 될 것이다. 솔직히 말하면, 난 거기에 가고 싶지 않다. 무인도는 분명히 지루할 것이다!

괄호 안에 있는 단어를 사용해서 오늘 배운 문장을 다시 써 보세요.
잘 기억이 나지 않으면 앞으로 돌아가 따라 써 보세요.

① 칼은 꼭 필요하다. (very necessary)

② 그것은 사냥하고 자르는 데 쓸 수 있을 것이다. (hunting and cutting)

③ 요리를 위해서 라이터도 필요할 것이다. (would also need, cook)

④ 나는 살아남는 법에 대한 책을 한 권 가져갈 것 같다. (bring a survival book)

⑤ 솔직히 말하면, 난 거기에 가고 싶지 않다. (frankly speaking, go)

⑥ 무인도는 분명히 지루할 것이다! (deserted islands, boring)

강한 추측과 의무의 조동사 must

오늘 일기에서 '분명히 지루할 것이다'를 must be boring이라고 표현했어요. 이처럼, 조동사 must 는 '~임에 틀림없다'를 나타냅니다. 또, '~해야 한다'라는 의무를 표현하기도 하지요. must는 조동사 이므로, 반드시 뒤에는 동사원형이 따라오며, 뒤에 not을 붙여서 부정형을 만듭니다.

You **must be** tired after walking a lot. 넌 많이 걸었으니 분명히 피곤할 것이다. 〈강한 추측〉

I am late for school. I **must go** now. 나는 학교에 늦었다. 지금 가야만 한다. 〈의무〉

빈칸에 알맞은 말을 써서 문장을 완성하세요.

① You _____ get up early tomorrow. 너는 내일 일찍 일어나야만 한다.

② Her best friend will move soon. She _____ sad.
그녀의 가장 친한 친구가 곧 이사 간다. 그녀는 분명히 슬플 것이다.

무인도에 가져갈 물건에 대한 표현을 더 배워봐요.

a fishing net
어망

a flashlight
손전등

bug spray
벌레 잡는 스프레이

to catch fish easier
물고기를 더 쉽게 잡기 위해서

to see better at night
밤에 더 잘 보기 위해서

to keep bugs away
벌레를 쫓기 위해

UNIT 44

내가 대통령이라면

 생각해봐요!

· 대통령이 된다면 하고 싶은 일이 있나요?
· 그 이유는 무엇인가요?

If I Were the President...

내가 대통령이라면...

하고 싶은 일 1	**make a place for homeless people** 노숙자들을 위한 공간을 만든다
이유	**to give everyone a warm house** 모든 사람들에게 따뜻한 집을 제공하기 위해

하고 싶은 일 2	**make people work until 4 p.m.** 사람들을 4시까지만 일하게 한다
이유	**to play with my dad** 아빠와 함께 놀기 위해

하고 싶은 일 3	**make vacation last for 3 months** 방학이 세 달 동안 계속되게 한다
이유	**to have enough time to play** 충분히 놀 시간을 갖기 위해

● 위에 나온 표현을 활용하여 문장을 완성해 보세요.

① Everyone can have a warm ＿＿＿＿＿＿.   모든 사람들이 따뜻한 집을 가질 수 있다.

② I'll make people only ＿＿＿＿＿ until 4 p.m.   나는 사람들이 4시까지만 일하게 할 것이다.

③ I would make vacation ＿＿＿＿＿ for three months.

나는 방학이 세 달 동안 계속되게 할 것이다.

190

If I Were the President...

If I were the president, I would do many things.

First, I want to make a place for homeless people.

I hope everyone can have a warm house.

Next, I'll make people at companies only work until 4 p.m.

My dad always works late, so I can't play with him.

Lastly, I would make vacation last for three months.

A month of vacation is too short.

I don't have enough time to play.

I will be the president who loves the people.

우리말로
읽어보세요!

Expressions

- **president** 대통령
- **place** 장소
- **homeless** 집이 없는
- **warm** 따뜻한
- **company** 회사
- **work** 일하다
- **until** ~까지
- **play** 놀다
- **vacation** 방학
- **last** 지속하다
- **month** 달
- **enough** 충분한

내가 대통령이라면…

만약 내가 대통령이라면, 나는 많은 일을 할 것이다. 첫째, 나는 노숙자를 위한 공간을 만들고 싶다. 나는 모든 사람들이 따뜻한 집을 갖기를 바란다. 다음으로, 나는 사람들이 회사에서 오후 4시까지만 일하게 할 것이다. 우리 아빠는 항상 늦게까지 일하시기 때문에 나는 아빠와 놀 수 없다. 마지막으로, 나는 방학이 세 달 동안 계속되게 할 것이다. 방학이 한 달이라니 너무 짧다. 놀 시간이 내게 충분하지 않다. 나는 국민을 사랑하는 대통령이 될 것이다.

괄호 안에 있는 단어를 사용해서 오늘 배운 문장을 다시 써 보세요.
잘 기억이 나지 않으면 앞으로 돌아가 따라 써 보세요.

① 만약 내가 대통령이라면, 나는 많은 일을 할 것이다. (the president, would do)

② 나는 노숙자를 위한 공간을 만들고 싶다. (a place, homeless people)

③ 나는 사람들이 회사에서 오후 4시까지만 일하게 할 것이다. (companies, work)

④ 우리 아빠는 항상 늦게까지 일하신다. (work late)

⑤ 나는 방학이 세 달 동안 계속되게 할 것이다. (make vacation last for)

⑥ 나는 국민을 사랑하는 대통령이 될 것이다. (love the people)

GRAMMAR TIP

enough (충분한/충분히)

오늘 일기에서 '충분한 시간'이라고 할 때 enough time이라고 했지요? '충분한'이라는 뜻의 형용사 enough가 명사 앞에서 time(시간)을 꾸며줬어요. 또한, enough는 부사로 쓰이기도 한답니다. old enough, quickly enough처럼 형용사나 부사의 뒤에 와서 '충분히 ~한(하게)'의 뜻을 나타낼 수도 있습니다.

I ate **enough** <u>food</u> at lunch today. 나는 오늘 충분한 점심을 먹었다.
He is <u>old</u> **enough** to have his own bike. 그는 자신의 자전거를 갖기에 충분한 나이예요.

- -

빈칸에 알맞은 말을 써서 문장을 완성하세요.

① We bought _____ . 우리는 충분한 음식을 샀다.

② You are _____ to watch the movie.
너는 그 영화를 볼 만큼 나이 들었다.

MORE EXPRESSIONS

대통령이 된다면 하고 싶은 일에 대한 표현을 더 배워봐요.

build more sports centers
스포츠 센터를 더 많이 짓는다

punish bad people
나쁜 사람들을 혼내 준다

reduce the number of class
수업 일수를 줄인다

increase time for P.E.
체육 시간을 늘린다

make students do what they want to do
학생들이 원하는 일을 하게 한다

만약 전기가 없다면

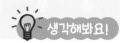

· 전기가 없다면 어떤 일이 일어날까요?
· 전기를 아낄 수 있는 방법은 무엇일까요?

If There Were No Electricity...

만약 전기가 없다면...

- **cannot turn on the lights**
  불을 켤 수 없다

  ···▶ **dark** 어두운

- **cannot use a smartphone or a computer**
  스마트폰이나 컴퓨터를 사용할 수 없다

  ···▶ **inconvenient** 불편한

- **cannot use warm water**
  따뜻한 물을 사용할 수 없다

  ···▶ **terrible** 끔찍한

● 위에 나온 표현을 활용하여 문장을 완성해 보세요.

① I cannot _____ on the lights anymore.   나는 더는 불을 켤 수 없다.

② It would be _____.   그것은 불편할 것이다.

③ I cannot use _____ water.   나는 따뜻한 물을 사용할 수 없다.

194

If There Were No Electricity...

If there were no electricity, many things might change.

I cannot turn on the lights anymore.

It would be dark.

I cannot use a smartphone or a computer.

It would be inconvenient.

When I take a shower, I cannot use warm water.

It is too terrible even to think about it.

Electricity is very important.

I should save it.

Expressions

- **electricity** 전기
- **might** ~일지도 모른다
- **change** 바뀌다
- **turn on** ~을 켜다
- **light** 불, 조명
- **dark** 어두운
- **inconvenient** 불편한
- **take a shower** 샤워를 하다
- **warm** 따뜻한
- **terrible** 끔찍한
- **important** 중요한
- **save** 아끼다

만약 전기가 없다면…

만약 전기가 없다면 많은 것들이 바뀔 것이다. 나는 더는 불을 켤 수 없게 된다. 어두울 것이다. 스마트폰이나 컴퓨터를 쓸 수 없다. 불편할 것이다. 샤워를 할 때 나는 따뜻한 물을 쓸 수 없다. 생각만 해도 너무 끔찍하다. 전기는 매우 중요하다. 전기를 아껴 써야겠다.

괄호 안에 있는 단어를 사용해서 오늘 배운 문장을 다시 써 보세요.
잘 기억이 나지 않으면 앞으로 돌아가 따라 써 보세요.

① 나는 더는 불을 켤 수 없다. (turn on, anymore)

② 어두울 것이다. (dark)

③ 나는 스마트폰이나 컴퓨터를 쓸 수 없다. (use a smartphone or a computer)

④ 그것은 불편할 것이다. (inconvenient)

⑤ 샤워를 할 때 나는 따뜻한 물을 쓸 수 없다. (take a shower, warm water)

⑥ 전기는 매우 중요하다. (electricity, important)

can의 부정형 cannot

오늘 일기에서 전기가 없다면 할 수 없는 일에 대해 나타낼 때 can의 부정형인 cannot을 썼어요. cannot은 동사원형과 함께 쓰며, '~할 수 없다'의 의미를 가집니다. 줄여서 can't로 쓰기도 해요.

I **cannot** ride a bike. 나는 자전거를 탈 수 없다.

She **can't** answer this question. 그녀는 이 질문에 대답할 수 없다.

- -

괄호 안에 있는 단어를 사용해서 가능을 나타내는 문장을 완성하세요.

① You _____ the door. (open)
너는 문을 열 수 없다.

② I _____ his voice. (hear)
난 그의 목소리를 들을 수 없다.

전기가 없다면 일어날 수 있는 일에 대한 표현을 더 배워봐요.

can't watch TV 텔레비전을 볼 수 없다	**use a fan to cool off** 더위를 식히기 위해 부채를 쓴다	**use the stairs instead of elevators** 엘리베이터 대신에 계단을 이용한다
write letters instead of emails 이메일 대신 편지를 쓴다	**use a candle instead of a lamp** 램프 대신에 촛불을 사용한다	

〈Useful Phrases〉

그림을 보고, 알맞은 단어끼리 연결해서 구를 완성한 후 그 뜻을 생각해 보세요.

write   animals
raise   swimming
make   the bed
go   the trash
brush   a letter
break   teeth
draw   a picture
throw   soccer
play   the window

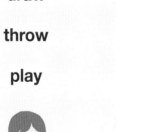

→ 정답은 204쪽에

〈동물과 관련된 재미있는 표현〉

우리나라 속담에 동물들이 많이 등장하듯이 영어에도 동물을 비유한 표현들이 많이 있는데요.
동물과 관련된 재미있는 영어 관용 표현들을 알아보세요.

She is busy as a bee.

그녀는 벌처럼 바빠.

Who let the cat out of the bag?

누가 비밀을 폭로한 거야?

열심히 일하는 사람을 곤충에 비유할 때 개미와 더불어 가장 많이 떠올리는 것이 바로 벌입니다. 이 표현은 '벌처럼 바쁜'이라는 즉, '아주 바쁘다'는 뜻이에요.

옛날에 영국에서는 돼지를 팔 때 자루에 넣어서 팔았다고 해요. 그런데 간혹 욕심 많은 장사꾼들이 돼지 대신에 고양이를 넣는 속임수를 썼다고 합니다. 자루에 있던 고양이가 자루 밖으로 나오면 장사꾼들의 들통이 나는 것에서 이 뜻이 유래되었어요.

Hold your horses.

침착하세요.

That will happen when pigs fly.

절대 일어날 수 없는 일이야!

표면적으로는 말을 잡는다는 뜻이지만, 말 경주에서 말이 흥분해서 부정출발하지 못하게 하라는 것에서 유래된 말로 서두르지 말고 침착하라는 뜻을 나타냅니다.

그대로 해석하면 '돼지가 하늘을 날면 그 일이 일어난다'인데요. 사실 돼지가 나는 일은 일어나지 않잖아요. 이 표현은 '절대로 그런 일이 일어나지 않을 것이다'라는 never보다도 더 강한 부정의 표현이에요.

ANSWERS

14쪽 1. 우리 가족 소개하기

① strong ② green ③ happy

오늘 일기 다시 써 보기

1. My family is like a crayon box.
2. We are all different in color.
3. Mom is like a red crayon because she is strong.
4. Because I am honest.
5. My sister is happy all the time.
6. We love one another.

Grammar Tip

① notebooks ② potatoes

18쪽 2. 존경하는 사람 소개하기

① student ② smart ③ singing

오늘 일기 다시 써 보기

1. I respect my mom the most in the world.
2. I have never seen my mom mad.
3. Every student loves her.
4. She is very smart.
5. My mom has many talents.
6. She is good at singing, dancing, and cooking.

Grammar Tip

① rose ② likes

22쪽 3. 조부모님 소개하기

① seventy ② swimming ③ younger

오늘 일기 다시 써 보기

1. My grandfather is still very healthy.
2. I will tell you his secret.
3. He goes swimming every morning.
4. It makes him so energetic.
5. He usually eats fruits and vegetables.
6. These things make him younger and healthier.

Grammar Tip

① but ② and

26쪽 4. 추억의 인물 소개하기

① seaside ② food ③ storyteller

오늘 일기 다시 써 보기

1. I have good memories of her.
2. She lived in a house near the seaside.
3. My grandma was a good cook.
4. She made lots of yummy food.
5. Her bedtime stories were really fun.
6. I miss her so much.

Grammar Tip

① her ② Our

30쪽 5. 단짝 친구 소개하기

① round face ② fun ③ singing, dancing

오늘 일기 다시 써 보기

1. Nina is my best friend.
2. She has long, wavy black hair.
3. I like her because she is really fun.
4. She is good at singing and dancing.
5. She was like a real singer.
6. I hope we are in the same class next year.

Grammar Tip

① He ② them

34쪽 6. 우리 학교 소개하기

① playground ② vegetables, animals ③ robot

오늘 일기 다시 써 보기

1. I go to Forest Elementary School.
2. I like my school very much.
3. My school has a large playground.
4. I can enjoy playing soccer there after school.
5. Next, my school has a garden.
6. It is exciting to grow vegetables.

Grammar Tip

① are ② is

38쪽 7. 내가 사는 곳 소개하기

① largest ② seaside ③ attractive

오늘 일기 다시 써 보기

1. I live in Busan now.
2. It's the second largest city in Korea.
3. Busan is known for its nice beaches.
4. My favorite beach is Haeundae.
5. It takes place every year.
6. Busan is a very attractive city.

Grammar Tip

① live ② visits

42쪽 8. 내가 가장 좋아하는 음식

① cheese ② stress ③ much

오늘 일기 다시 써 보기

1. My favorite food is tteokbokki.
2. I go to a snack bar with my friends.
3. My favorite is cheese tteokbokki.
4. It is really yummy.
5. I feel like it can get rid of my stress.
6. Be careful not to eat too much!

Grammar Tip

① can speak ② can cook

46쪽 9. 내가 가장 좋아하는 계절

① snow, beautiful ② sledding ③ Christmas

오늘 일기 다시 써 보기

1. I like winter the most.
2. It snows a lot in winter.
3. I like to have snowball fights.
4. I can go sledding with my friends, too.
5. Above all, Christmas is in winter.
6. I can't wait for it.

Grammar Tip

① because ② Because

50쪽 10. 내가 가장 좋아하는 가수

① sing ② cool, powerful ③ handsome

오늘 일기 다시 써 보기

1. My favorite group is Friends.
2. It is easy to sing along to their songs.
3. Their dancing is so cool and powerful!
4. Above all, the members are all handsome.
5. These are the reasons why I like them.
6. I hope to go to a Friends' concert soon.

Grammar Tip

① are made ② is loved

54쪽 11. 나의 장래희망

① vet ② sick ③ study

오늘 일기 다시 써 보기

1. When I grow up, I want to be a vet.

2. I really love animals.
3. Taking care of animals is exciting.
4. I should study hard to become a vet.
5. I will also read books about animals.
6. I'm really looking forward to helping animals.

Grammar Tip
① will snow ② won't like

58쪽 12. 나의 장점

① diligent ② forget ③ artist

오늘 일기 다시 써 보기
1. I thought about my strengths.
2. I am the first person at school.
3. Next, I have a good memory.
4. I never forget my friends' birthdays.
5. I sometimes draw pictures of my friends.
6. I like myself.

Grammar Tip
① always ② never

62쪽 13. 나를 행복하게 해 주는 것

① chewing ② flying ③ happy

오늘 일기 다시 써 보기
1. There are three things that make me happy.
2. First, I like chewing bubble gum.
3. Second, I like swinging on a swing.
4. I feel like I'm flying in the sky.
5. Third, I like playing with my dog.
6. It makes me happy quickly.

Grammar Tip
① playing ② sitting

66쪽 14. 내가 할 수 있는 요리

① Cut ② Add ③ serve

오늘 일기 다시 써 보기
1. I decided to make *kimchi* fried rice.
2. Here is the recipe for it.
3. Cut some *kimchi* and ham into small pieces.
4. Then, stir-fry the *kimchi* and ham with cooking oil.
5. Add some rice and cook some more.
6. Put sesame oil in at the end.

Grammar Tip
① Don't ② Clean

70쪽 15. 받고 싶은 생일 선물

① play ② contact ③ grades

오늘 일기 다시 써 보기
1. I want to get a smartphone.
2. I would take pictures of my friends.
3. I could contact my cousins living abroad.
4. My eyesight would get worse.
5. I will use it for only 30 minutes a day.
6. I am looking forward to my birthday!

Grammar Tip
① one ② ones

76쪽 16. 새해 계획 세우기

① clean ② read, books ③ healthy

오늘 일기 다시 써 보기
1. I think of things I can do this year.
2. First of all, I will clean my room every day.
3. From now on, I will help my mom.
4. I will use my smartphone less than before.
5. I will read more books.
6. Last, I plan to exercise.

Grammar Tip
① for you ② for Dad

80쪽 17. 겨울 방학 계획

① lose ② late ③ ski

오늘 일기 다시 써 보기
1. Winter vacation is starting next week.
2. First, I will lose weight.
3. I want to go to bed late every night.
4. I will read comics until late at night.
5. Lastly, I will learn how to ski.
6. Skiing down the slopes will be very cool.

Grammar Tip
① cook ② how

84쪽 18. 어버이날 하고 싶은 일

① letter ② relaxed ③ make

오늘 일기 다시 써 보기
1. Today is Parents' Day.
2. I will write a thank-you letter to them.

3. It might be a poem about them.
4. I will give my parents a massage.
5. I learned how to make pancakes.
6. I'm happy to think about these things.

Grammar Tip
① cooked ② sang

88쪽 19. 환경을 보호하는 방법

① paper cups ② save water ③ trash

오늘 일기 다시 써 보기
1. Nature is being destroyed by humans.
2. I won't use paper cups anymore.
3. We can save trees from being cut down.
4. That will help save water.
5. I won't throw my trash on the ground.
6. I should do these actions right now.

Grammar Tip
① buying ② writing

92쪽 20. 고치고 싶은 습관

① late ② skip ③ money diary

오늘 일기 다시 써 보기
1. I want to change my bad habits.
2. I usually get up late in the morning.
3. I often watch YouTube until late at night.
4. I have many cavities.
5. I will brush my teeth as soon as I eat something.
6. I will keep a money diary.

Grammar Tip
① in ② at

96쪽 21. 영어를 공부하는 이유

① communicate ② write ③ study

오늘 일기 다시 써 보기
1. Why do I have to study English?
2. I thought of three reasons to do that.
3. I can communicate with people all over the world.
4. English is a very important subject.
5. I can write fan letters in English.
6. I will study English harder.

Grammar Tip
① to ② show

100쪽 22. 반려동물 관찰일기 1

① roll over ② arch ③ blink

오늘 일기 다시 써 보기

1. I have three cats in my house.
2. They have a special language.
3. They use their bodies to communicate.
4. They roll over on their backs.
5. It means that cats are scared.
6. I want to know more about them.

Grammar Tip

① to play ② to text

104쪽 23. 반려동물 관찰일기 2

① Her name ② long, eyes ③ soft

오늘 일기 다시 써 보기

1. I have a pet rabbit!
2. Her name is Snowball.
3. She looks cute and fluffy.
4. Snowball has long ears and big, round eyes.
5. She has white fur.
6. Her tail looks like a fluffy ball.

Grammar Tip

① 좋아한다 ② ~같은

108쪽 24. 식물 관찰일기

① simple plants ② round, green ③ food

오늘 일기 다시 써 보기

1. Marimos are very simple plants.
2. They grow on the floors of lakes.
3. They have no real leaves, stems, or roots.
4. They look round and are green.
5. It is easy to grow marimos.
6. You just keep the water tank clean.

Grammar Tip

① or ② or

112쪽 25. 가고 싶은 여행지

① tomb ② built ③ took

오늘 일기 다시 써 보기

1. I would like to go to India.
2. I am interested in the Taj Mahal.
3. It is located in Agra.
4. People worked day and night to build it.
5. It took 22 years to build the tomb.
6. The Taj Mahal in the moonlight is beautiful.

Grammar Tip

① The ② the

116쪽 26. 곤충 조사문

① hives ② collect ③ help, grow

오늘 일기 다시 써 보기

1. I learned how honeybees make honey.
2. Honeybees live in hives.
3. Honeybees collect pollen and nectar.
4. They continuously fly to flowers to collect nectar.
5. They have to work very hard.
6. They help flowers, fruits, and vegetables grow!

Grammar Tip

① have ② has

120쪽 27. 내가 가장 좋아하는 악기

① guitar ② light, bright ③ easy

오늘 일기 다시 써 보기

1. My favorite instrument is the ukulele.
2. The ukulele looks like a small guitar.
3. It only has four strings.
4. The ukulele sounds very light and bright.
5. I learned how to play the ukulele from YouTube.
6. I enjoy playing it without stress.

Grammar Tip

① dangerous ② beautiful

124쪽 28. 가장 위대한 발명품

① invention ② playing ③ chat

오늘 일기 다시 써 보기

1. The computer is the greatest invention.
2. I can do my homework quickly.
3. I can get a lot of information from the Internet.
4. I can chat with my cousins abroad.
5. I often email them, too.
6. I can't imagine life without computers.

Grammar Tip

① many ② much

128쪽 29. 존경하는 역사적 인물

① hero ② Turtle Ship ③ invasion

오늘 일기 다시 써 보기

1. Yi Sun-shin is my favorite hero!
2. He was an admiral in the Joseon Dynasty.
3. He created the Turtle Ship.
4. It was a wonderful scientific ship.
5. I thank him for protecting my country.
6. I am so proud of him.

Grammar Tip

① once ② two times

132쪽 30. 나의 여가 생활

① horseback ② helmet ③ hit

오늘 일기 다시 써 보기

1. My family went horseback riding.
2. A horse was a lot bigger than I expected.
3. I fed the horse carrots and apples.
4. I had to wear a helmet for my safety.
5. I learned how to control the horse.
6. If I drew the reins, he stopped.

Grammar Tip

① shorter ② more

136쪽 31. 내가 좋아하는 운동

① rackets ② simple ③ competition

오늘 일기 다시 써 보기

1. I enjoy playing badminton.
2. There are many advantages to playing this sport.
3. You can play badminton with only two people.
4. You only need rackets and a shuttlecock.
5. The rules of the game are very simple.
6. My family is going to take part in a competition.

Grammar Tip

① are ② travel

142쪽 32. 단짝 친구에게 쓰는 편지

① happy ② comic books ③ See you

오늘 일기 다시 써 보기

1. I already miss you.
2. Time goes too fast with you!
3. I am very happy that you are my

friend.

4. We both like reading comics.
5. It's so fun to talk about comic books.
6. I would like to play with you all day long.

Grammar Tip
① to play ② would, to

146쪽 33. 선생님께 쓰는 편지

① favorite teacher ② hate ③ test

오늘 일기 다시 써 보기
1. Happy New Year!
2. Long time, no see.
3. It's been a year since I moved to my new school.
4. You are my favorite teacher ever.
5. Thanks to you, I don't hate math anymore.
6. I miss your warm voice.

Grammar Tip
① doesn't ② don't

150쪽 34. 책의 주인공에게 쓰는 편지

① character ② frankness
③ positive

오늘 일기 다시 써 보기
1. You are a lovely character.
2. I was deeply impressed with your frankness.
3. You always smile even when things are hard.
4. I love your positive energy.
5. You are a great book lover.
6. Your funny stories make people laugh.

Grammar Tip
① friendly ② slowly

154쪽 35. 감사 편지

① saved ② fire ③ care

오늘 일기 다시 써 보기
1. I want to say thank you.
2. You saved my cat Scott from a high tree.
3. Thanks to you, my cat was not hurt.
4. Thank you for helping us when we are in trouble.
5. I think you are brave.
6. I hope you take care of yourself.

Grammar Tip
① wasn't ② am not

158쪽 36. 사과 편지

① broke ② lied ③ never

오늘 일기 다시 써 보기
1. I am writing to say sorry to you.
2. It was I who broke the window.
3. I was wrong to be playing with a ball in the classroom.
4. I lied that I didn't do it.
5. I would like to apologize for upsetting you.
6. I will never do that again.

Grammar Tip
① When ② when

162쪽 37. 독서 일기

① chocolate bars ② enough
③ wins

오늘 일기 다시 써 보기
1. My favorite book is *Charlie and the Chocolate Factory*.
2. This book is written by Roald Dahl.
3. It is about a poor boy and his family.
4. He wins a golden ticket to visit a chocolate factory.
5. I want to ride on the boat in the chocolate river.
6. I really envy Charlie!

Grammar Tip
① ran ② sat

166쪽 38. 전시회에 다녀와서

① painter ② notebook ③ secret

오늘 일기 다시 써 보기
1. I went to an exhibition of the works of Leonardo da Vinci.
2. He was a famous artist who painted the *Mona Lisa*.
3. He was such a genius!
4. His notebook was also interesting.
5. He wanted to keep his ideas secret.
6. All of his works were impressive to me.

Grammar Tip
① ⓒ ② ⓑ

170쪽 39. 영화 감상문

① animated ② human ③ energy

오늘 일기 다시 써 보기
1. I watched the movie, *Paddington 2*.
2. It is an animated movie about a little bear.
3. He thinks and acts like a human.
4. Paddington tries to help people around him.
5. He always gives people energy.
6. I wish my family had a little bear like him.

Grammar Tip
① ⓑ ② ⓒ

174쪽 40. 나의 발명 아이디어

① recipes ② talk, walk
③ clean, kitchen

오늘 일기 다시 써 보기
1. I want to invent a robot chef.
2. Leo knows all the recipes in the world.
3. It can cook anything.
4. Leo will make delicious food quickly.
5. Leo can clean the kitchen by itself.
6. We will have a comfortable and enjoyable life.

Grammar Tip
① happily ② perfectly

178쪽 41. 나에게 마술램프가 있다면

① wild animals ② presents
③ travel

오늘 일기 다시 써 보기
1. I would ask the genie for three wishes.
2. First, I would teleport to Africa.
3. I want to see wild animals.
4. I would wish for one hundred dollars.
5. I want to give some presents to my mom.
6. Third, I would like to get a spaceship.

Grammar Tip
① third ② fifth

182쪽 42. 내가 만약 동물이라면

① care ② bored ③ look after

오늘 일기 다시 써 보기
1. My family would take care of me.
2. They should feed me and take me on walks.
3. I couldn't talk to them.
4. I would bark at them continuously.
5. I would be alone at home.
6. I should look after my dog very well.

Grammar Tip
① should clean ② shouldn't tell

186쪽 43. 무인도에 가져갈 물건

① hunting, cutting ② cook
③ survival

오늘 일기 다시 써 보기
1. A knife is very necessary.
2. It could be used for hunting and cutting.
3. I would also need a lighter to cook.

4. I guess I would bring a survival book.
5. Frankly speaking, I don't want to go there.
6. Deserted islands must be boring!

Grammar Tip
① must ② must be

190쪽 44. 내가 대통령이라면

① house ② work ③ last

오늘 일기 다시 써 보기
1. If I were the president, I would do many things.
2. I want to make a place for homeless people.
3. I'll make people at companies only work until 4 p.m.
4. My dad always works late.
5. I would make vacation last for three months.

6. I will be the president who loves the people.

Grammar Tip
① enough food ② old enough

194쪽 45. 만약 전기가 없다면

① turn ② inconvenient ③ warm

오늘 일기 다시 써 보기
1. I cannot turn on the lights anymore.
2. It would be dark.
3. I cannot use a smartphone or a computer.
4. It would be inconvenient.
5. When I take a shower, I cannot use warm water.
6. Electricity is very important.

Grammar Tip
① cannot open (can't open)
② cannot hear (can't hear)

Let's take a break!

WORD SEARCH p.74

(왼쪽 위부터 순서대로)

salty 짠   hot 뜨거운   sour 신맛이 나는
sweet 단맛이 나는   spicy 매운
cut 자르다   mix 섞다   stir-fry 볶다

FUN RIDDLES p.140

1. 나는 날개가 없이도 날아요. 나는 눈이 없이도 울어요. 나는 누구인가요? cloud(구름)

2. 내가 어릴 때는 키가 커요. 내가 나이가 들면 짧아져요. 나는 누구인가요? pencil(연필)

3. 나는 주황색이에요. 나는 영어로 앵무새(parrot)와 비슷하게 읽어요. 나는 누구인가요? carrot(당근)

4. 당신은 생선을 물고 있는 고양이와, 뼈다귀를 물고 있는 강아지와, 바나나를 들고 있는 원숭이와 함께 방에 들어가요. 이 방에서 가장 똑똑한 동물은 누구인가요? you(당신)

5. 나는 눈이 하나있어요. 하지만 볼 수는 없어요. 나는 누구인가요? needle(바늘)

6. 당신이 나를 먹으려면 나를 깨뜨려야 해요. 나는 누구인가요? egg(달걀)

WORD MATCH p.198

write a letter 편지를 쓰다
raise animals 동물을 키우다
make the bed 잠자리를 정돈하다
go swimmimg 수영을 하다
brush teeth 이를 닦다
break the window 창문을 깨뜨리다
draw a picture 그림을 그리다
throw the trash 쓰레기를 버리다
play soccer 축구를 하다

기적 영어 학습서

기본이 탄탄! 실전에서 척척!
유초등 필수 영어능력을 길러주는 코어 학습서

유아 영어

재미있는 액티비티가 가득한
3~7세를 위한 영어 워크북

4세 이상   5세 이상   6세 이상   6세 이상

파닉스 완성 프로그램

알파벳 음가 ➡ 사이트워드
➡ 읽기 연습까지!
리딩을 위한 탄탄한 기초 만들기

6세 이상 전 3권   1~3학년   1~3학년 전 3권

영어 단어

영어 실력의 가장 큰 바탕은 어휘력!
교과과정 필수 어휘 익히기

1~3학년 전 2권   3학년 이상 전 2권

영어 리딩

패턴 문장 리딩으로 시작해
정확한 해석을 위한 끊어읽기까지!
탄탄한 독해 실력 쌓기

2~3학년 전 3권   3~4학년 전 3권   4~5학년 전 2권   5~6학년 전 2권

영어 라이팅

저학년은 패턴 영작으로,
고학년은 5형식 문장 만들기 연습으로
튼튼한 영작 실력 완성

2학년 이상 전 5권   4학년 이상 전 5권   5학년 이상 전 2권   6학년 이상

영어일기

한 줄 쓰기부터 생활일기,
주제일기까지!
영어 글쓰기 실력을 키우는 시리즈

3학년 이상   4~5학년   5~6학년

영문법

중학 영어 대비, 영어 구사
정확성을 키워주는 영문법 학습

4~5학년 전 2권   5~6학년 전 3권   6학년 이상

초등 필수 영어
무작정 따라하기

초등 시기에 놓쳐서는 안 될 필수 학습은 바로 영어 교과서!
영어 교과서 5종의 핵심 내용을 쏙쏙 뽑아 한 권으로 압축 정리했습니다.
초등 과정의 필수학습으로 기초를 다져서 중학교 및 상위 학습의 단단한 토대가 되게 합니다.

1~2학년	2~3학년	2~3학년	3학년 이상	4학년 이상

미국교과서 리딩

문제의 차이가 영어 실력의 차이! 논픽션 리딩에 강해지는 《미국교과서 READING》
논픽션 리딩에 가장 좋은 재료인 미국 교과과정의 주제를 담은 지문을 읽고, 독해력과
문제 해결력을 두루 향상시킬 수 있도록 구성한 단계별 리딩 프로그램

LEVEL 1	LEVEL 2	LEVEL 3	LEVEL 4	LEVEL 5
준비 단계	시작 단계	정독 연습 단계	독해 정확성 향상 단계	독해 통합심화 단계